SILVIA PICONI

SOGNI REALI

Come Raggiungere I Tuoi Sogni Reali Attraverso L'Intuito Creativo ed I Suoi Messaggi Guida

Titolo

"SOGNI REALI"

Autore

Silvia Piconi

Editore

Bruno Editore

Sito internet

http://www.brunoeditore.it

Tutti i diritti sono riservati a norma di legge. Nessuna parte di questo libro può essere riprodotta con alcun mezzo senza l'autorizzazione scritta dell'Autore e dell'Editore. È espressamente vietato trasmettere ad altri il presente libro, né in formato cartaceo né elettronico, né per denaro né a titolo gratuito. Le strategie riportate in questo libro sono frutto di anni di studi e specializzazioni, quindi non è garantito il raggiungimento dei medesimi risultati di crescita personale o professionale. Il lettore si assume piena responsabilità delle proprie scelte, consapevole dei rischi connessi a qualsiasi forma di esercizio. Il libro ha esclusivamente scopo formativo.

Sommario

Ringraziamenti — pag. 5
Prefazione — pag. 7
Introduzione — pag. 10
Cap. 1: La realtà quantica — pag. 19
Cap. 2: L'Integrazione Quantica — pag. 37
Cap. 3: I sintomi di realtà — pag. 46
Cap. 4: L'Intuito Creativo — pag. 69
Cap. 5: A Quantum Experience — pag. 74
Cap. 6: Fondamenti esperienziali — pag. 84
Cap. 7: Elementi di contenuto e processo mentale — pag. 104
Cap. 8: L'induzione meditativa ipnotica — pag. 146
Cap. 9: Pacchetti Quantici dei nostri messaggi evoluti — pag. 164
Conclusione — pag. 168

Alice: "È inutile che ci provi, non si può credere a una cosa impossibile!"
Regina: "Oserei dire che non ti sei allenata molto, quando ero giovane mi esercitavo sempre mezz'ora al giorno. A volte riuscivo a credere anche a sei cose impossibili prima di colazione."

Lewis Carroll, *Alice nel paese delle meraviglie*

Ringraziamenti

Ringrazio con immenso affetto Maurella, che con la sua dolce pazienza mi ha sostenuto nel realizzare il libro "Sogni Reali".
Un ringraziamento speciale va a mia figlia Aurora, linfa vitale del mio esistere. Con pura Energia, mi dona ogni giorno la forza di trasformare le tortuose strade in fiumi di leggiadri flussi da seguire come vie maestre.

Si ringrazia per la prefazione Maurella Eleonori. Per la foto e per la scultura di copertina, rispettivamente Lorenzo Porrazzini e Jérémie Crettol.

Todi, il 26 / 11 / 2017

Come può essere quello che è, se non è! Forse sarà.
Il pensiero ne è testimone. La visualizzazione renderà giustizia con la sua realizzazione. La motivazione emotiva sarà la determinazione dell'essere.

Silvia Piconi

Prefazione

Io, tu, gli altri... noi

Tutte le storie si articolano e si snodano attraverso le provocazioni e le suggestioni del proprio tempo. La storia di Silvia Piconi è diventata solo "sua" nel momento in cui ha scelto di appropriarsi di tutto questo, ma con caratteri di originarietà e originalità. Con questo lavoro ci ha reso "complici" del suo processo di autorealizzazione e ci ha fornito, allegramente, riflessioni e spunti quali strumenti da accordare come si fa per raggiungere un'armonia. La ringraziamo per aver realizzato questo libro pensando a "noi".

Quella con Silvia è una conoscenza recente, sostenuta da una "madre antica". Più semplicemente vuol dire "mi sembra di conoscerla da sempre".

Personalità vulcanica la sua, ma attenta, capace di catturare e tradurre, in guizzi rapidi e fecondi, le linee della sua silhouette fusa con opere d'arte "incontrate"; ma anche ogni "offerta" le giunga dall'energia del "mondo", libro aperto per chiunque si senta parte del mistero di ogni creazione, di ogni luce di conoscenza, dalla trasformazione all'evoluzione.

Rapida, profonda nel cogliere e nell'applicare le istanze culturali della moderna psicologia, è dotata di qualità comunicative efficaci perché desunte dall'osservazione e dalla sperimentazione.

Abbiamo spesso riso di cuore quando le dicevo: "Dici cose importanti con la semplicità con cui parleresti con il tuo vicino di casa...", e lei mi rispondeva: "Quale? Quello bello o quello brutto?", a sottolineare i diversi stati d'animo, il gelo, il tepore o il "fuoco" che si attraversano nell'organizzazione della propria vita come nella stesura di un libro. Percorso tanto più arduo quanto più è forte il desiderio che il messaggio, qualunque esso sia, arrivi a ogni intelletto, a ogni anima e non solo, nei luoghi deputati, quel giorno, a quell'ora.

Questo è ciò che sento di aver maggiormente accolto in me di questo lavoro di Silvia, che è per lei il primo nel suo genere ma che, in modo tentacolare, si appropria dell'utilità, della profondità e del fascino di un sapere antico, di un sapere attuale, presto e facilmente ma senza superficialità alcuna, disposto anche all'"oltre".

Maurella Eleonori

Introduzione

> "Siamo fatti anche noi della materia
> di cui sono fatti i sogni
> e nello spazio e nel tempo di un Sogno,
> è racchiusa la nostra breve vita."
> William Shakespeare

Scrivere un libro in cui poter racchiudere e fermare tutti i miei pensieri, i vissuti e le ricerche che hanno l'intento di integrare il mio lavoro clinico, di psicologa-psicoterapeuta e ipnotista, a quello artistico di performer-artista.

Unire tutte le mie potenzialità e competenze con lo scopo di aiutare le persone a rendere "visibile l'invisibile esistente". Quando parlo dei sottili mondi invisibili, essenzialmente mi riferisco a due realtà: una interna a noi, l'*Inconscio*, e una esterna e interna a noi, la *Realtà Quantica*, quindi *Energia*.

Dimensioni che pur non vedendole, né percependole

coscientemente, influenzano e condizionano notevolmente, in maniera inconsapevole e quindi incontrollata, la nostra vita sotto forma di pensieri, azioni, comportamenti, emozioni, gesti... Dare loro consapevolezza e visibilità anche sensoriale tramite l'espressività dell'arte, l'esperire nella clinica con i pazienti o con noi stessi, ci permette di vivere appieno.

Questo è possibile grazie all'induzione di stati di profondo rilassamento, che danno la possibilità di abbassare i meccanismi difensivi psichici messi in atto nella quotidianità; essi, a loro volta, hanno lo scopo di filtrare i nostri modi di vivere e di pensare, consoni ai canoni sociali, culturali e famigliari. L'effetto sarà un flusso istintuale, intuitivo e creativo, più autentico in emozioni, immagini, visualizzazioni, tensioni che altrimenti rimarrebbero celate alla nostra consapevolezza, agendo in maniera del tutto incontrollata e fuorviante comunque nella nostra vita.

Le ricerche a cui do vita hanno l'intento di unire psicologia e ipnosi, animandosi con il simbolico artistico gestuale-corporeo; parallelamente sviluppo tecniche di lavoro più puramente clinico.

In entrambe le situazioni lo scopo finale è quello di dare consapevolezza ai profondi meccanismi psico-emotivi che si scoprono in relazione al mondo esterno in termini d'Energia (Realtà Quantica).

Il tutto attraverso specifiche tecniche, le quali permettono di raggiungere l'amplificazione dei sensi e dei potenziali mentali, che guidano gli atti manuali del creare, del pensare e del sentire, con lo scopo di "vedere il non visto esistente", sia delle nostre zone-ombra interne sia di ciò che è intorno a noi.

Un vero e proprio risveglio della coscienza e dei sensi dove l'estrapolazione finale, a cui ho dato il nome di *Pacchetto Quantico*, che emerge dai lavori artistici o dalle esperienze fatte con i clienti (attraverso segni, simboli, immagini e/o parole), rappresenta il *Tutto*. Un meta-messaggio da decifrare e a cui dare consapevolezza evoluta, allo scopo di rendere coscienti i mondi invisibili che hanno preso forma.

Tutto è energia che si attiva e crea possibilità di risultati nell'incontro delle relazioni, dove l'osservatore è parte integrante dell'osservato e non c'è più casualità o determinismo, ma probabilità nell'atto creativo stesso.

Vorrei soffermarmi sulla parte centrale del titolo, *Sogni Reali*; queste due parole, pur avendo una posizione centrale, in realtà sono state le ultime a essere aggiunte. Hanno avuto bisogno di un tempo di maturazione più lungo, vista l'importanza che poi hanno acquisito diventando le parole chiave del titolo.

Sicuramente vi starete chiedendo: "Se sono sogni come possono essere reali?".
Tutti i vostri sogni, a occhi aperti o a occhi chiusi, da dove nascono? Dove e come prendono forma? Dove prendono l'energia e l'impulso per esistere con tutta la loro vitalità e forza?

Da noi! Sono parti di noi! Rappresentano le nostre zone ombra, il nostro vero Sé, con tutto il loro fluire energetico. Le più vere e autentiche, le più antiche e le più bisognose, che non aspettano altro che essere riconosciute come tali e trovare un modo concreto e reale per esistere.
Il vero Sé, sede d'eccellenza delle pulsioni, è energia vitale, un

luogo puro, dove non ci sono sovrastrutture, meccanismi di difesa per sopravvivere in questa vita, né è stato reso impuro da regole, norme o processi di socializzazione e educazione.

Le nostre zone ombra, quindi il nostro vero Sé, trova i modi più disparati e bizzarri per esistere, a volte i percorsi che intraprende sono tortuosi e pericolosi, ad esempio con l'espressione di sintomi nevrotici e psico-emotivi drammatici; altre volte pur di esistere si riflette sul nostro corpo, con patologie psicosomatiche complesse; altre volte s'incastra nell'idealizzazione di quello che vorremmo essere o fare, così iniziamo a sognare a occhi aperti.

Quanto tempo passiamo ogni giorno a ripeterci frasi del tipo: mi piacerebbe essere… mi piacerebbe fare… vorrei tanto… sarebbe meraviglioso se… sarebbe un sogno…
Questo è un modo di parlare o di immaginare la vita, nella sua impossibilità e irrealizzabilità, perché purtroppo questa è l'accezione che la nostra cultura dà al termine "sogno". Si commette così il grave errore di non permettersi di consapevolizzare che tutti i desideri, gli impulsi e gli istinti che ci portano a formulare delle frasi considerate irreali non sono altro

che la nostra più ancestrale realtà, la profonda intimità, il "vero Sé".

Esso è vissuto come un mondo parallelo, che difficilmente s'incontra con il mondo consapevole; a volte si fiuta ma, nonostante ciò, essendo una matrice d'impulsi di energia vitale, cammina per tutta la nostra esistenza di fianco a noi. Immaginiamo la nostra vita come una strada comoda che ci siamo costruiti in maniera rigida e costante nel tempo, e che le nostre zone ombra rappresentino tutti i percorsi collaterali e alternativi a essa.

Sono l'insieme di tutte le strade più sconosciute e scomode che affiancano la strada principale nella nostra consapevole esistenza. Bene! Queste parti inconsapevoli e nascoste di noi, pur di esistere, creano continui percorsi tortuosi, per farci mettere in discussione e in contatto con le parti invisibili e poter accedere e dare visibilità a un livello d'integrazione e consapevolezza superiore.

A volte queste nostre parti vitali intrudono in maniera violenta nella nostra consapevolezza con segni forti. Creano dei veri e propri bivi nel nostro percorso di vita, che rappresentano i nostri momenti difficili.

Frasi metaforiche come "mi trovo di fronte a un bivio!", rappresentano tutti quei momenti critici in cui siamo consapevoli che la nostra vita potrebbe avere una trasformazione radicale, ma che troppo spesso la paura e l'insicurezza ci portano a percorrere le strade che, pur nella loro sofferenza, conosciamo, piuttosto che intraprenderne di nuove, che ci metterebbero a contatto con l'angoscia delle cose sconosciute.

Sono proprio queste strade tortuose, questi bivi, che con forza, impegno e motivazione dovremmo avere il coraggio d'imparare a conoscere e integrare consapevolmente.

I nostri sogni paradossalmente rappresentano la parte più vera di noi, le nostre strade alternative e parallele, i bivi, che non aspettano altro di essere inclusi nella nostra arteria principale. Allora potremmo immaginare un percorso di vita ben articolato, complesso, ma chiaro, pieno di stimoli nuovi, con tante connessioni alternative e interessanti, vissute in un armonioso

Intuito Creativo.

Una vera e propria rianimazione dei nostri funzionamenti mentali, sensoriali e del fluire della nostra energia vitale, come una mappa a cui dar vita in maniera essenziale ogni giorno della nostra esistenza, rispettandone i *processi* e i *contenuti* che creano e danno vita al Tutto.

So che non è facile mantenere la visuale in questa prospettiva, ma non possiamo neanche passare un'intera vita a coniugare le nostre frasi in tempi sbagliati, come quelli ipotetici, né delegare questo percorso terreno al destino o alla sfortuna, perché ogni giorno creiamo flussi d'energia che determinano ogni nostro pensiero, immaginazione, comportamento e processo di costruzione interiore a cui dobbiamo dare consapevolezza e integrare alla nostra vita che chiamiamo "reale".

Prima di addentrarci nel cuore del libro vorrei prendermi qualche secondo per dire che ognuna delle pagine che seguono – mi piace pensarle come un puzzle – rappresentano un tassello che andrà a comporre l'immagine finale, che delineerà le nostre strade di evoluta consapevolezza per la costruzione del Sé.

Ho cercato di creare un armonioso mix che parla della mia vita, di teorie di vari ambiti, costruzioni di pensieri concettuali tra psicologia, Realtà Quantica e arte, esperienze personali, cliniche-lavorative e artistiche, fino ad arrivare all'ultimo tassello: il dono che faccio a voi, la tecnica *dell'Intuito Creativo*. Esperita e creata con lo scopo di focalizzare immagini rappresentative della via maestra da seguire per essere ed esistere, per come noi vogliamo e siamo realmente, attraverso l'estrapolazione dei nostri personali Pacchetti Quantici.

Mi piace pensare che ogni parola, pagina e capitolo vi accompagnino a sciogliere in maniera armoniosa dubbi, paure e insicurezze che ostacolano il cammino della vita, inteso come la nostra missione di vita. Con lo scopo di animare attitudini, propensioni e qualità, dando vita ai nostri sogni reali, il vero Sé, immerso nel Tutto.

Quindi non mi rimane che dirvi: date vita a i vostri Sogni Reali, rendendo "visibili i vostri mondi invisibili esistenti", attraverso l'arte dell'Intuito Creativo.

Silvia Piconi

Capitolo 1:
La realtà quantica

"Solo coloro che possono vedere l'invisibile, possono compiere l'impossibile!"
Patrick Snow

Prima di entrare nel fulcro della ricerca, vorrei parlarvi dell'importanza e dell'ispirazione che ha avuto per me il concetto di *Realtà Quantica*.

Era l'estate di un paio di anni fa e, come accade durante tutte le vacanze estive, i giorni si trasformano in momenti sacri da dedicare alla lettura di una serie di libri che, durante l'anno lavorativo, si accumulano e per mancanza di tempo non riesco a leggere.
Sicuramente non mi ero portata libri leggeri, da sfogliare sotto l'ombrellone o durante la siesta, visto che si trattava di testi che se pur scritti in maniera semplice parlavano delle teorie della fisica

moderna o della meccanica quantistica.

Ovviamente tengo a precisare che non entrerò né sono entrata nel merito dello studio aritmetico, ma piuttosto di quello concettuale della materia, essendo stata attratta da alcuni concetti fondamentali e guida per la costruzione del mio modello di ricerca.

Il Novecento è un secolo che ha segnato importanti passaggi nella ricerca e nello studio della fisica; infatti, sino ad allora, la fisica classica si basava su fondamenta rigide nel loro determinismo, o meglio, ogni evento della vita si poteva spiegare in tutta la sua complessità, determinandone il risultato finale. Quindi a ogni teoria o scoperta c'era sempre una formula matematica, che possiamo rappresentare come un quadro figurativo, che descriveva nel dettaglio la realtà materiale osservata.

SEGRETO n. 1: i fondamenti della fisica classica consistevano nel vedere la realtà nel suo determinismo, o meglio, ogni evento si poteva spiegare determinandone il risultato finale.

Proprio nel XX secolo le cose iniziarono a cambiare e la parte artistica e visionaria degli scienziati iniziò a diventare più creativa, permettendosi maggiore flessibilità nel creare nuove prospettive visive con la vivida capacità di superare tutti i pregiudizi del tempo che, inevitabilmente, rendevano l'immagine intuitiva del mondo assolutamente parziale e limitante.

La curiosità prese strade nuove e sconosciute, ridonando alla scienza quell'ingrediente segreto e fondamentale che consisteva in una fervida attività visiva. Questa aveva la potenzialità e lo scopo di osservare il mondo in maniera diversa da come si era abituati a vederlo.

Basta leggere le storie dei più grandi scienziati che hanno avuto il coraggio di stravolgere e andare contro credenze, regole e giudizi del loro tempo per renderci conto della loro impeccabile capacità di vedere come il mondo poteva realmente essere: in primis nella loro mente, tramite immagini e simboli, che poi decodificavano dando loro senso e significato consapevole tramite equazioni. Potremmo definire queste ultime dei veri e propri lavori di arte contemporanea. Quindi più stravaganti e astratti anche nella loro profonda concettualità.

Trovo tutto questo straordinario! Credo che a dividere l'apparente mente rigida e metodica di uno scienziato e quella più labile, curiosa e intuitiva di un artista in realtà ci sia solo un sottile filo invisibile.

Arte e scienza ci insegnano e donano cose nuove del mondo; ci danno la possibilità di spostare la nostra prospettiva visiva verso la reale comprensione della loro profonda bellezza.

Molti scienziati iniziarono così a cavalcare l'onda di nuove intuizioni e visualizzazioni, a indagare la materia sempre di più nel "micro". Il bisogno incessante di queste menti era di accedere a quei mondi pur non vedendoli, per poi poterne fiutare la presenza e capire quale importanza avessero i loro processi nella vita.

SEGRETO n. 2: il XX Secolo segna un'importante evoluzione e trasformazione dei processi mentali e di ricerca degli scienziati, i quali sentirono più che mai il bisogno di seguire le loro intuizioni e la loro creativa immaginazione, iniziando a visualizzare il mondo nelle sue nuove forme e possibilità di

essere.

Così si tuffarono nel cuore della materia, inizialmente quella già conosciuta come le cellule, le molecole e gli atomi, e poi ancora un altro salto nel buio, ancor più in profondità, scoprendo che a sua volta l'atomo era creato da un nucleo, elettroni di carica negativa, neutroni di carica neutra e protoni di carica positiva. Il tutto era scomposto in particelle ancor più elementari come il quark e via dicendo, fino ad arrivare ad una zona della materia che apparentemente sembrava vuota, ma in realtà si scoprì che emetteva delle vibrazioni.

Ben presto si scoprì che questa zona era carica di energia, racchiusa nei *Pacchetti Quantici* che, come delle pulci impazzite, saltavano scalmanati con totale mancanza di controllo e velocità elevatissima, senza riuscire a capire inizialmente come avvenivano questi repentini e vivaci salti. Queste particelle elementari apparivano e poi scomparivano, vibravano e fluttuavano in continuazione fra l'esistere e il non esistere.

In realtà esse esistono nel Tutto, anche quando sembra non ci sia nulla, interagendo in maniera bizzarra nel mondo e ancor più nello spazio, e come note creano sorprendenti melodie di ogni genere, in ogni dove, per poi ritirarsi all'ombra del palcoscenico chiamato vita.

Iniziamo a capire che è proprio il saltare da un'interazione all'altra che le fa esistere e crea realtà, ma di questo parleremo più nello specifico tra breve.

SEGRETO n. 3: lo studio delle dimensioni subatomiche ha portato alla scoperta di una zona infinitesimale della materia, dove vivono vibrazioni energetiche, racchiuse in pacchetti, i quali si manifestano e prendono vita nel momento in cui entrano in relazione, e come delle pulci impazzite appaiono e scompaiono in maniera del tutto incontrollata, pur esistendo nel Tutto.

Già questa scoperta sarebbe bastata per disorientare e sbalordire gli scienziati, ma quelle che fecero successivamente furono ancora più sconvolgenti.

Tra i pilastri della nuova fisica moderna abbiamo

l'*indeterminazione* e la *relazionalità*.

Molto presto scopriremo come tutto questo significhi un cambiamento sostanziale nel mondo delle teorie scientifiche, o meglio, che non viviamo in una realtà deterministica come aveva sin da allora creduto la fisica classica.

Già la parola stessa ci fa intendere una realtà dove non si può studiare e calcolare ogni cosa nei minimi particolari con assoluta certezza. Ricordiamo come per ogni teoria c'era una formula aritmetica a suo sostegno che, almeno in linea di principio, ci permetteva di prevedere il futuro con certezza.

Gli studi e le scoperte, ci iniziavano a parlare di realtà *probabilistica* e *indeterministica*, ovvero che non si poteva dire con certezza assoluta cosa sarebbe successo: potevamo solo calcolare la probabilità di un evento.

La nuova fisica parlava dell'impossibilità di poter osservare contemporaneamente la velocità inimmaginabile e la posizione in cui le particelle elementari prendevano vita. Se ci si focalizzava nell'osservare la velocità, non si poteva studiare con esattezza il punto di movimento e così via.

A tale scopo possiamo proiettarci sulla probabilità degli eventi che viviamo, ad esempio: se i pensieri sono sempre positivi, solari e con forti cariche energetiche, non saprò dirti come sarà al cento per cento la tua vita, ma è sicuro che la direzione probabilistica degli eventi sarà proiettata verso situazioni, esperienze, comportamenti che attireranno campi di energia piacevoli, armoniosi, positivi, sia di persone che di contesti e situazioni.

Viceversa, se i nostri pensieri vibrazionali sono negativi, tutto in noi (dagli aspetti materiali, comportamentali e mentali, fino a pensieri ed emozioni), prenderà strade faticose.

Soprattutto, quando parliamo di pensieri ed emozioni, dobbiamo concepirli così: delle antenne vibrazionali che emettono frequenze elettromagnetiche che, come calamite, attirano altre vibrazioni in linea, creando una comunicazione energetica con il Tutto. Una reazione a catena.

Dobbiamo immaginarci l'attivazione del micro-mondo, già detto sopra, come delle pulci impazzite che nel momento in cui iniziano a saltare in maniera totalmente incontrollata, ma pur sempre con una carica positiva e vivace, creano quella realtà probabilistica che ci dona improvvisazione novità e creatività, arrivando al punto di poter formulare frasi come: "Pensavo che stesse andando bene, ma non fino a questo punto!".

D'altro canto l'innescarsi di queste reazioni a catena probabilistiche ha uno scenario completamente opposto se tutti i nostri comportamenti, e ancor prima i pensieri anticipati dalle emozioni, attivano una vibrazione elettromagnetica negativa e malinconica, con forti note depressive. Allora possiamo immaginare come lo scenario possa avere un cambiamento repentino e brusco allo stesso tempo, che porti a spostare l'asse probabilistico in tutt'altra e non piacevole direzione.

Non è assolutamente mia intenzione addentrarmi in maniera approfondita in questa difficile e complessa materia, ma potervi donare una vaga conoscenza è fondamentale per capire fino in fondo i paradigmi di costruzione del mio modello di lavoro artistico-clinico, il quale ha delle profonde basi teoriche, anche di

Realtà Quantica.

SEGRETO n. 4: uno dei paradigmi della fisica quantistica è quello di concepire una realtà probabilistica, dove a differenza del passato non si può dire con certezza assoluta cosa succederà, possiamo solo calcolare la probabilità di ottenere un dato risultato da una certa misurazione.

Altro concetto interessante e affascinante delle nuove teorie della meccanica quantistica riguarda un tema a me già caro, che tenevo fortemente in considerazione quando mi trovavo a utilizzare, piuttosto che tecniche psicodinamiche con i miei clienti, quella sistemica relazionale. Quest'ultima posa l'accento sull'importanza dei mondi relazionali all'interno delle famiglie e degli individui: anziché dare la responsabilità del malessere delle persone esclusivamente alle dinamiche intrapersonali di contenuto.

Si inizia a posare l'accento sull'importanza e la non neutralità che l'osservatore ha all'interno di una situazione e come esso condizioni inevitabilmente il risultato finale della situazione stessa.

Negli studi di fisica quantistica si scoprì che gli elettroni prendevano vita ed esistevano solo quando interagivano, quindi nell'incontrarsi o scontrarsi tra loro. Si materializzavano in quel determinato luogo e in quel preciso punto creando materia, creando la nostra realtà.
È proprio nei loro salti quantici che si incontrano ed esistono.

È importante non dimenticare mai che i salti quantici racchiudono pacchetti energetici vibrazionali sotto forma di onde, e che proprio con i nostri pensieri, emozioni e azioni, in *relazione* con il vibrare energetico intorno a noi e oltre a noi, diamo vita e storia alla nostra singola e unica esistenza, comunque e sempre in relazione al Tutto.

Ora sono convinta che stia iniziando a essere chiaro nelle vostre menti che nella realtà quantistica non c'è realtà senza relazione fra sistemi fisici. Sono le relazioni che danno origine alle cose, come fili infinitamente sottili che tessono in maniera minuziosa trame di connessioni relazionali, come le nostre storie di vita e ancor più la realtà dello spazio, che nella meccanica quantistica sono chiamate *Spin Network* (rete di spin).

Essi sono come una gigantesca ragnatela invisibile che riempie tutto intorno a noi, ogni singolo filo è paragonato a linee di forza, viste come vie del fluire dell'energia elettromagnetica.

L'universo e la vita sono inestricabili connessioni con forte carica di dinamicità, una rete cosmica viva che si trasforma continuamente, come un'armoniosa e vivace danza di energia che crea e distrugge.

Questo punto della teoria quantistica, gli *Spin*, mi aveva talmente coinvolta, sconvolta e appassionata, da arrivare al punto di sentire un forte bisogno di esprimere l'emozioni vissute nel leggere e studiare tali concetti, manifestandole e metabolizzandole attraverso l'arte.

Ha caratterizzato un periodo artistico ben preciso, che ho poi racchiuso e condiviso in una mostra chiamata *Danze Aliene*. Aveva lo scopo di manifestare una rappresentazione simbolica della Realtà Quantica, dove le linee nello spazio carta, incontrandosi, creavano forma e giochi geometrici attraverso il loro entrare in relazione e dare vita.

Le linee diventavano il veicolo di flussi d'energia, "linee di forza", rendendo materiale l'immateriale non visibile ma esistente, attraverso il simbolico che prendeva vita grazie alla manualità dell'atto creativo.

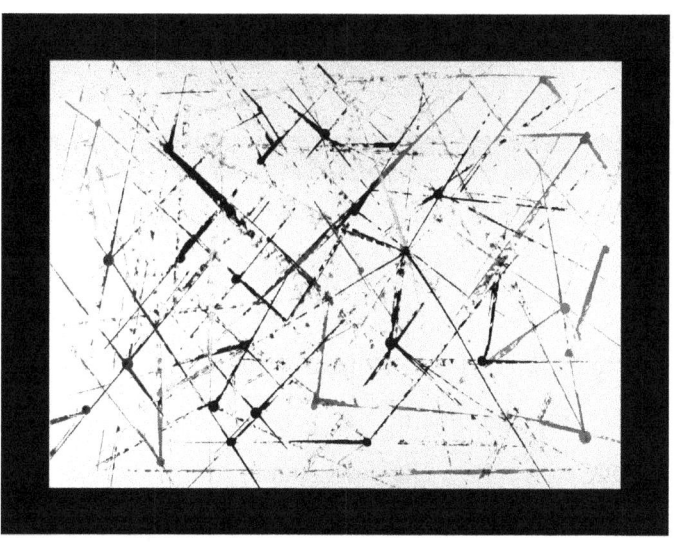

Danze aliene 1 – 2016 – china su carta bianca di cotone
Cm 48x66

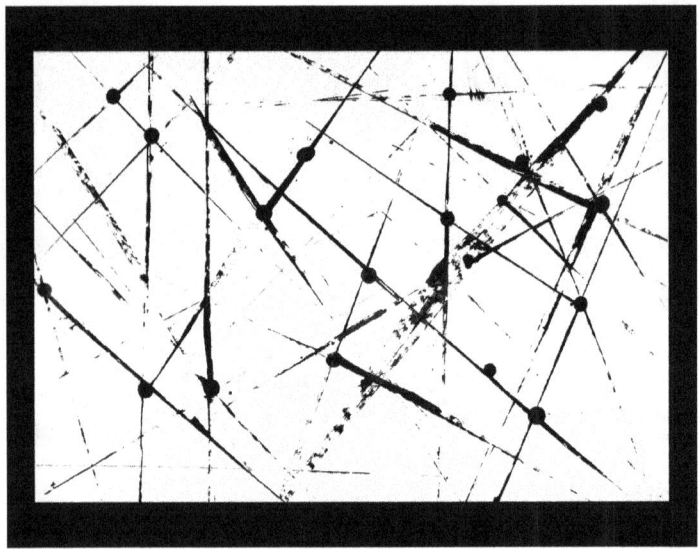

Danze Aliene 2 – 2016 – china su carta bianca di cotone
Cm 48x66

Questo punto è di fondamentale importanza in quanto ci fa soffermare, inevitabilmente, a pensare con sempre maggior convinzione e sicurezza che noi viviamo immersi in una relazione inscindibile con il Tutto: ogni cosa è energia che entra in relazione.

Nel sostenere e vedere queste realtà, inizieremo anche a capire con più lucidità come quella cosa chiamata *Energia*, così grezza nell'essere avvertita dai nostri sensi consapevoli, abbia un'importanza fondamentale nel risultato di ogni singola azione, o comportamento che sia, da non poter far più finta che non esista.

Ora possiamo capire l'importanza di trovare un modo per accostarsi a essa e imparare a conoscerla entrandoci in contatto, per poi modularla e gestirla nella sua probabilità di risultato. Il tutto amalgamato insieme alla nostra zona ombra, il nostro Inconscio, uno dei contenitori d'eccellenza di pulsioni e desideri e quindi energia allo stato puro, che non vedendola né conoscendola, ma nei casi fortunati solo fiutandola, ci dà la possibilità di non parlare più di un destino di vita, ma di scelte di vita.

SEGRETO n. 5: nella dimensione quantistica non c'è realtà senza relazione fra sistemi fisici. Sono le relazioni che danno origine alle cose: ogni cosa è energia che entra in relazione.

Tutto questo rende la nostra realtà incredibilmente e meravigliosamente nuova.

Costruire la nostra vita giorno dopo giorno con consapevolezza evoluta, credo che sia un nostro dovere, come un nostro dovere è prendere coscienza dei sottili mondi invisibili che compongono e completano la vita stessa.

L'Inconscio e la Realtà Quantica prendono coscienza grazie a strategie e tecniche che portano all'amplificazione di sensi e potenziali mentali. A loro volta fanno attingere a insight o all'interpretazione e decodifica di segni, sogni e simboli, siano essi visualizzati, pensati, creati con gesti manuali o movenze corporee. Poco importa: ognuno di noi entrerà in contatto con i canali sensoriali ed espressivi che predilige.

La cosa essenziale e veramente importante è che voi entriate in un reale contatto con essa, in maniera profondamente sentita e consapevole, facendo della vostra vita una vera opera d'arte.
Non mi resta che augurarvi buon viaggio all'interno dei vostri mondi invisibili esistenti.

RIEPILOGO DEL CAPITOLO 1:

- SEGRETO n. 1: i fondamenti della fisica classica consistevano nel vedere la realtà nel suo determinismo, o meglio, ogni evento si poteva spiegare determinandone il risultato finale.
- SEGRETO n. 2: il XX Secolo segna un'importante evoluzione e trasformazione dei processi mentali e di ricerca degli scienziati, i quali sentirono più che mai il bisogno di seguire le loro intuizioni e la loro creativa immaginazione, iniziando a visualizzare il mondo nelle sue nuove forme e possibilità di essere.
- SEGRETO n. 3: lo studio delle dimensioni subatomiche ha portato alla scoperta di una zona infinitesimale della materia dove vivono vibrazioni energetiche racchiuse in pacchetti, i quali si manifestano e prendono vita nel momento in cui entrano in relazione, e come delle pulci impazzite appaiono e scompaiono in maniera del tutto incontrollata, pur esistendo nel Tutto.
- SEGRETO n. 4: uno dei paradigmi della fisica quantistica è quello di concepire una realtà probabilistica, dove a differenza del passato non si può dire con certezza assoluta cosa succederà, possiamo solo calcolare la probabilità di ottenere

un dato risultato da una certa misurazione.
- SEGRETO n. 5: nella dimensione quantistica non c'è realtà senza relazione fra sistemi fisici. Sono le relazioni che danno origine alle cose: ogni cosa è energia che entra in relazione.

Capitolo 2:
L'Integrazione Quantica

"Bisogna pur sopportare qualche bruco per vedere volare una farfalla!
Dicono che siano così belle!"

Antoine de Saint-Exupèry, *Il Piccolo principe*

Nel momento stesso in cui ho iniziato a pensare di apprendere il lavoro di tesi, ho avuto la sensazione di voler essere presente a me stessa in questo viaggio di ricerca non puramente clinico, come invece è sempre avvenuto nel passato, quasi a riconfermare una mia identità professionale. Questo avrebbe significato un autentico tentativo d'integrazione, più o meno consapevole, delle mie tanti parti esistenti e scisse.

Una Silvia Quantica nella sua globalità indeterministica? Il tutto mi spaventava e affascinava allo stesso tempo, sapendo dall'esperienza che più temiamo le cose e più esse in realtà rappresentano le nostre parti ombra, che ci completano. Decisi di fare un bel respiro e iniziai l'avventura.

La mente e il corpo hanno sempre suscitato in me grande interesse. Secondo il momento di vita e di difficoltà mi sono appoggiata a una piuttosto che all'altra, come se ci fosse stata un'immobilità di fondo a farle esistere in maniera sinergica ed evoluta, e che mi avrebbe potuto portare verso un equilibrio di guarigione.

Quando ero piccola la vita mi ha messo a contatto con realtà troppo grandi per me, come lo erano i pensieri e le fantasie che creavo, così mi chiusi in un silenzio verbale per dare voce a un suono corporeo, armonioso e geniale nella sua fragilità. Diventai così una campionessa di ginnastica artistica e in seguito un'eccellente capoeirista. Camminavo sulle mani con molta più semplicità di quanto una persona possa camminare sui propri piedi, e il mio corpo tendeva a non avere più forza di gravità: giravo su me stessa come se qualcuno mi avesse cucito alle scapole delle ali trasparenti.

Così il mio corpo iniziò a colloquiare con la vita e le persone. Era curioso vedere come ognuno dava rappresentazioni diverse di quello che riusciva a percepire in me, ma in pochi mi guardavano negli occhi: l'unico modo per sentire e vedere realmente.

Crescendo, nella mia testa entravano in maniera incontrollata tanti pensieri, riflessioni, ragionamenti, e proprio allora capii che la mia mente pensante, logica-intellettuale, doveva riprendere il suo corso, anche classico: non era giusto tralasciare una parte di me così piena di vita pulsante. Passai anni interi a testa bassa sui libri, assetata di un curioso sapere. Era incredibile scoprire che i miei pensieri non solo non mi spaventavano più emotivamente, ma piuttosto scioglievano tensioni e misteri; la vita aveva un suo senso e una sua logica.

Mi laureai, iniziai a lavorare, con un marito, una figlia meravigliosa. Che altro volere dalla vita?

Tuttavia persisteva una mancanza espressiva incolmabile e una scarsa capacità intuitiva, sostituita dall'intellettualizzazione, da regole rigide, norme, doveri. Quanto peso doveva sostenere la mia anima corporea per adeguarsi rigidamente ai modelli sociali?

Quanto poteva resistere l'altra parte di me che volava leggiadra, manipolava materia e colore, per dare soluzioni piacevoli e leggere alle difficoltà della vita?
Cercai di liberarmi da tutte quelle cose e persone che, pur avendo fatto parte con amore della mia esistenza, avevano concluso il loro percorso accanto a me. Decisi di separarmi, di rimanere sola e ricrearmi un lavoro che adoravo, dando però più flessibilità e apertura alle sue varie forme.

Iniziai un cammino verso un flusso energetico probabilistico, dove l'intuito e la creatività potevano essere alla stessa stregua dell'organizzazione e della logica. Ora dovevo fare un salto ancora più grande, quello di unire in maniera onesta, sana e assoluta la mente e il corpo, quindi le mie grandi passioni: la psicologia, l'ipnosi, la movenza corporea e la ricerca artistica. È già una Silvia Quantica, in una Realtà Quantica.
Mi sono lasciata andare al respiro della vita.

SEGRETO n. 1: unendo le tante parti scisse, ma vive dentro di noi, possiamo donarci la possibilità di un'armoniosa vita del Tutto, dove noi diventiamo Uno.

Ho applicato gradualmente su di me ogni singola tecnica acquisita negli anni, dalle discipline sportive agli studi fatti: il percorso universitario in psicologia clinica, la specializzazione in psicoterapia, i master in PNL e ipnosi, sia in Italia che all'estero e le tante esperienze di vita in generale che rappresentano un potenziale di risorse infinite per chi vuole e sa attingere da esse.

Il lavoro principale veniva fatto su tutte quelle parti di me che non erano gradite o risultavano più difficili da conoscere, consapevole com'ero che là si potevano toccare note dolenti.

Pian piano, con motivazione e costanza, ha iniziato a sfiorarmi uno strano equilibrio interiore, una forza e presenza in me che mi permettevano di vedere le sfumature della vita, amplificavano i sensi, portavano chiarezza su chi ero e cosa volevo. Ho iniziato a visualizzare, in maniera simbolica, immagini-guida che parlavano di come poteva essere il mio futuro, fino a creare le "linee-forza" del mio progetto di ricerca clinico-artistico, le quali hanno permesso l'integrazione del Tutto.

Ogni singola fase, dalla progettazione all'esecuzione alla

rielaborazione della stessa, è stata accompagnata dagli strumenti e dalle tecniche sopra citate, usate in maniera flessibile e armoniosa.

Inizialmente la grande motivazione mi ha permesso di creare la giusta determinazione verso una forte intenzione, curata e coltivata non giorno dopo giorno, ma istante dopo istante. Era come un focolaio che ardeva in me e mi dava la giusta energia per combattere ogni tipo di paura, debolezza o credenza limitante.

Altri aspetti che hanno determinato il raggiungimento del mio "Sogno Reale", sono stati la presenza e l'attenzione focalizzata, i quali hanno permesso di non perdermi nel vortice dell'angoscia e fermare i pensieri che troppo spesso mi attraversavano la mente come ombre fugaci, imbevute di paura.
Specifiche tecniche di PNL e PNL3 mi hanno permesso di progettare e pianificare ogni singolo obiettivo da raggiungere.

Entrando nel cuore dell'esperienza, oltre a un allenamento fisico, sono stati importanti gli esercizi di energizzazione per aumentare il livello di energia interiore e amplificare i sensi, soprattutto quello visivo, che fedelmente mi guidava nelle scelte, sotto forma di parole, immagini, simboli ecc... La tecnica della luce, l'autoipnosi, il magnetismo e l'ipnomentalismo sono state preziose dall'inizio alla fine.

SEGRETO n. 2: la nascita di una "Silvia Quantica" è stata possibile grazie all'uso di specifiche tecniche mentali: rilassamento, ipnosi, PNL, e a quelle di mirati esercizi fisici ed energetici.

Vi sto parlando del mio progetto artistico, e nelle prossime pagine potrete trovare un link per accedere a un video che riassume il lavoro stesso in maniera romantica.

Credo fermamente che in ogni ricerca che si fa, soprattutto in quelle della mente e dell'anima, prima di tutto ci si debba mettere in discussione personalmente, per poi poter esperire e condividere la nuova strada di vita. Ovviamente, ognuno trova la sua strada e il modo per esprimersi in maniera unica, come unico è ognuno di noi, con tutti i suoi potenziali illimitati di essere ed esistere.

Concludo con un pensiero, che mi ha sempre guidato e sostenuto nel mio grande desiderio di messa in discussione personale, in relazione al mio lavoro: *il paziente può arrivare sin dove è arrivato il terapeuta.*

RIEPILOGO DEL CAPITOLO 2:

- SEGRETO n. 1: unendo le tante parti scisse, ma viventi dentro di noi, possiamo donarci la possibilità di un'armoniosa vita del Tutto, dove noi diventiamo Uno.
- SEGRETO n. 2: la nascita di una "Silvia Quantica" è stata possibile grazie all'uso di specifiche tecniche mentali: rilassamento, ipnosi, PNL, e a quelle di mirati esercizi fisici ed energetici.

Capitolo 3:
I sintomi di realtà

Alice: "Volevo soltanto chiedere che strada dovevo prendere."
Stregatto: "Be'! Tutto dipende da dove vuoi andare!"
Lewis Carroll, *Alice nel paese delle Meraviglie*

Quanto e cosa riusciamo a vedere intorno e dentro di noi?
Se la concentrazione è alta, sicuramente ci accingiamo a scorgere sfumature importanti, che fanno la differenza nel nostro percepire rispetto al contesto, ma rimaniamo pur sempre attaccati all'aspetto materiale e tangibile del nostro momento sia storico-sociale, che del contesto familiare in cui si tramano i fitti tessuti della nostra storia di vita.

L'enorme influenza dei media, negli anni, in seguito allo sviluppo esponenziale della comunicazione tecnologica, ha acquistato un potere talmente imponente da diventare imperante, creando il paradosso di mancanza di controllo per le menti, impreparate o troppo preparate, che ne fanno un uso malsano. Basti ricordare le miriadi di social network o i motori di ricerca che permettono di acquisire qualsiasi informazione e conoscenza in tempi rapidissimi, ma anche di divulgare in maniera bulimica e selvaggia informazioni di ogni genere.

Cosa succederebbe se iniziassimo a osservare con più creatività, flessibilità, intuito, e di conseguenza ad aumentare i nostri potenziali mentali e sensoriali, spesso messi in ombra da coloro ai quali fa comodo plasmare la nostra mente?

Lo scenario con molta probabilità cambierebbe completamente; prima di tutto emergerebbero aspetti del nostro vero Sé, invisibili ma esistenti e vivi nel loro essere più puro, dove vivrebbero in sinergia con il contesto intorno a noi e quindi dei nostri mondi evoluti, come evoluta è l'energia del Tutto.

I mondi invisibili per eccellenza, che continuano a esistere al di là di quello che le norme, le regole e il contesto in cui viviamo vorrebbero inculcarci, sono il nostro Inconscio e l'Energia.

SEGRETO n. 1: per capire chi siamo e cosa vogliamo è

fondamentale imparare a guardare, anche con i nostri sensi, con più flessibilità e Intuito Creativo, schermandoci dalla valanga d'informazioni esterne a noi: da quelle famigliari e sociali a quelle dei mass media, che hanno l'intento di offuscare la nostra capacità visiva e sensoriale. Amplificare i potenziali mentali e sensoriali ci permette di vedere il non visto ma esistente, quindi: l'Inconscio e l'Energia.

Due parole su cui sono stati scritti centinaia e centinaia di libri da scienziati, ricercatori, dottori, da tantissimi nomi illustri che da sempre hanno sentito il bisogno di esprimere i loro pensieri e il loro sentire rispetto a queste tematiche. Per questo motivo mi limiterò a fare una breve sintesi dei punti che hanno rappresentato il motore della *mia* ricerca.

L'Inconscio rappresenta la zona ombra, dove regna la parte pulsionale del nostro essere, basata sul "principio del piacere", che ha per scopo quello della gratificazione immediata. Il suo scopo è evitare qualsiasi tipo di dispiacere, quindi poter fare e pensare tutto quello che ci piacerebbe, senza alcun filtro mediato dal "principio di realtà", il principio regolatore del funzionamento psichico, con lo scopo di adeguare il nostro mondo interiore (pensieri, comportamenti, sogni, valori e credenze) a quello che la società e la famiglia vorrebbero per noi, quindi tutte quelle condizioni imposte dal mondo esterno. Così facendo trasformiamo un flusso di energia libera in energia legata, compressa e implosiva dentro di noi: una vera e propria minaccia a discapito del ribelle principio del piacere.

Immaginiamo un bambino di tre anni all'interno di un negozio di dolciumi. Di fronte a un cesto di caramelle vuole prenderne una manciata, così, con tutto il suo impegno inizia a camminare velocemente in direzione del cesto, e come se non bastasse, allunga in avanti le braccia, con la speranza di poter raggiungere il tutto più velocemente, con le mani aperte pronte per afferrare il bottino. Ancor prima di poter mettere in bocca quelle deliziose caramelle, con molta probabilità, ci sarà un aumento della salivazione.

Questa è la nostra parte più pulsionale e istintuale – Freud la chiamerebbe il nostro *Es* – che agisce mediante il principio di piacere.

Come un fulmine a ciel sereno, tutto a un tratto il bimbo si sente afferrato per un braccio o addirittura per il corpo dalla figura d'accudimento, l'adulto che in quel momento si trova con lui. In un attimo il genitore distrugge il bel sogno, iniziando a dirgli con un tono di voce autoritario e uno sguardo severo che si è in un negozio e non ci si può comportare così, non è da bambini educati, e che appena arriveranno a casa verrà messo in punizione; e inoltre non se ne parla di prendere una manciata intera di caramelle, ma se ne può scegliere solo una. Guai se il bambino continuerà con questo comportamento, una bella sculacciata non gliela toglierà nessuno.

Questo rappresenta un brusco principio di realtà, basato in maniera rigida principalmente su quello che il nostro babbo Freud chiamerebbe *Super-Io*. Non è altro che l'insieme di regole, di norme sociali e familiari inculcate nella mente delle persone in maniera molto imponente e spesso drammatica, per poi nella maggior parte dei casi essere ereditate a livello transgenerazionale da genitore a figlio.

Sarebbe ben diverso invece se un genitore accompagnasse il

bambino di fronte al cesto delle caramelle, dicendogli che sono buone e belle, gli porgesse un sacchetto di carta dove poter mettere un quantitativo adeguato alla sua età e poi dirgli che, così, le avrà anche per i prossimi giorni, perché mangiarle tutte insieme potrebbe causargli mal di pancia. Bene, questo è sempre un Principio di Realtà, ma modulato da un sano *Io*, da Freud definito come la funzione regolatrice e organizzativa per eccellenza delle nostre istanze mentali, *Es* e *Super-Io*, che vivono su poli opposti.

Considerando che il principio di realtà si forma successivamente al principio del piacere in maniera graduale, nei primi anni dello sviluppo del bambino la situazione si complicherebbe se esso, come risposta al genitore eccessivamente rigido, privo di ogni forma d'armonia interiore, volesse lottare in nome del suo Es, quindi del vero Sé, agendo secondo il principio del piacere, e mettendo in atto una bella crisi isterica, con urli, pianti e tanto di calci, perché non è disposto a cedere ai comandi dell'adulto tiranno.

È ovvio che parliamo di un bambino sano che non vuole strutturare un falso Sé a immagine e somiglianza dell'adulto, ma che ci tiene ad avere una sua identità. Così la crisi isterica a questa età rappresenta un "sintomo fisiologico" di grande malessere rispetto a una modalità totalmente soffocante e castrante del genitore estremamente rigido, a causa del mal funzionamento dell'Io regolatore, che crea una vera e propria corazza nell'adulto e che ancora il bambino non vuole indossare a discapito della sua autenticità.

SEGRETO n. 2: noi esseri umani agiamo mediante due principi: il "principio del piacere", dove scalpitano i nostri più profondi desideri e le pulsioni più viscerali, quindi la nostra zona ombra, l'Inconscio. Questo principio ha come scopo quello della gratificazione immediata, ovvero evitare qualsiasi tipo di dispiacere. Il "principio di realtà" rappresenta invece il principio regolatore del funzionamento psichico, modulato dall'Io, il quale riorganizza in maniera accettabile l'insieme delle nostre modalità comportamentali, di pensieri e valori a noi imposti dal mondo esterno, che strutturiamo attraverso il Super-Io.

Un'educazione rigida fin dalla prima infanzia causa la messa in atto di meccanismi psichici difensivi: la rimozione di desideri e pulsioni, che come un boomerang ritornano indietro durante l'arco della propria vita con molta violenza sotto forma di pulsioni e tensioni inadeguate, costantemente combattute dal bambino/persona, che ha interiorizzato un Super-Io particolarmente crudele e severo. Inoltre i sintomi non sono solo causa di sofferenza, ma possono rappresentare un vero e proprio blocco, un arresto pericolosissimo nel processo di crescita interiore.

Vorrei soffermarmi sul complesso concetto di *sintomo*, in quanto è stato fondamentale nel percorso fatto.

Un sintomo rappresenta un conflitto tra istanze interne di pari forza. Immaginiamo il famosissimo gioco della fune, sono convinta che tutti voi almeno una volta nella vita da piccoli lo abbiate fatto. Si metteva una fune a terra, un numero di bambini da una parte e lo stesso numero di bambini dall'altra, poi si prendeva la fune tra le mani e al via si iniziava a tirare con tutta la forza che si aveva, vinceva il lato che ne aveva di più.

Cosa sarebbe successo se le forze del lato destro e sinistro fossero state uguali? La fune sarebbe rimasta tesa come una corda di violino e non ci sarebbe stata una squadra vincitrice.

Un conflitto psichico, che è la principale causa della formazione di un sintomo, funziona proprio allo stesso modo. Pensiamo ad esempio a un ragazzo che nasce in una famiglia di avvocati di vecchia generazione e al quale i genitori impongono, in maniera più o meno implicita, di dover proseguire questa tradizione. Il ragazzo, invece, non sente questa appartenenza, infatti è sereno e leggero solo quando suona uno strumento e per giunta lo strumento è la chitarra elettrica, che nella società rappresenta una musica spesso ribelle e un po' scalmanata.

Be'! Direi che siamo di fronte a un bel problema da risolvere, infatti il ragazzo dovrà decidere se fare quello che più sente vicino a lui e lo fa star bene, oppure non deludere, né andare contro alla famiglia, spesso con estenuanti lotte che potrebbero durare anni o anche una vita. Quindi arrendersi a un copione della sua vita scritto da altri. Se i genitori sono stati così bravi a strutturagli un falso Sé, probabilmente passerà la sua vita a illudersi che l'avvocato era la scelta migliore da fare. Nel malessere troverà delle vie di compensazione.

Il problema nasce nel momento in cui una persona fa delle scelte lucide e consapevoli, opposte alla sua volontà, ad esempio a causa di insicurezze e paure. In questo caso non avendo strutturato un falso Sé organizzato, e permanendo il suo vero Sé offeso e profondamente ferito, esso non perderà occasione per ricordarglielo, come se fosse ogni volta l'ultima occasione da prendere al volo per operare un cambiamento e quindi una svolta alla sua vita, facendo nascere dei veri e propri campanelli d'allarme quasi a svegliare la vera consapevolezza.

Tutto questo avviene attraverso i sintomi che sono la manifestazione della stasi di forze interne alla persona, che agendo con egual forza creano l'immobilità psico-fisica: "Mi sento immobile, mi sento confuso... sono un chitarrista o devo fare l'avvocato?".
Le tensioni psico-emotive causate dal conflitto prendono vita e forza con il sintomo stesso, che esso sia emotivo, ad esempio un disturbo umorale, o che sia fisico, come ammalarsi più o meno

gravemente nel corpo.

I bambini, nel loro percorso di crescita, hanno continuamente sintomi di conseguenza a eventi stressanti: pensiamo a quando arriva un nuovo fratellino o sorellina. Nella maggior parte dei casi il bimbo inizia di nuovo a fare la pipì a letto o voler dormire nel lettone con mamma e papà. In una famiglia con una buona struttura psichica, tempo cinque o sei mesi e le cose si riorganizzano, ritornando nella normalità.

Questi sono i così detti sintomi transitori, fisiologici e importanti, perché aiutano a esprimere i disagi interni, solo così il genitore sa come poter aiutare il piccolo.
Le cose cambiano quando, sia nei piccoli che nei grandi, di fronte a eventi stressanti i sintomi permangono per tanto e tanto tempo. Siamo di fronte a un incistamento del sintomo con una sua consequenziale cronicizzazione. In questo caso non abbiamo usato l'iniziale sintomo come campanello d'allarme su cui soffermarci, o far soffermare l'adulto nel caso dei bimbi, per dare un senso a quello che sta succedendo e di conseguenza cercare di elaborarlo.

Un sintomo ci avvisa a modo suo, è l'unico modo che la mente emotiva ha trovato per dare voce al suo malessere, per comunicarci che le cose non vanno. In qualche modo abbiamo superato la soglia della sopportazione del nostro essere e quindi, in questo caso, è dovere ridare dignità a quella cosa meravigliosa chiamata vita, la nostra vita. Fermarci e ridare un senso, capire cosa sta succedendo e trovare una via che ci dia consapevolezza evoluta è fondamentale e doveroso.

In altre parole non abbiamo ascoltato né sentito i tanti segnali e messaggi dei nostri sottili mondi invisibili esistenti dentro e intorno a noi, che se solo ascoltati, decodificati e capiti, ci avrebbero dato la possibilità di evolvere in maniera sana e vera, verso la scoperta o la riscoperta del nostro vero Sé!

Da quanto detto, si capisce immediatamente che già da piccolissimi è molto difficile far vivere le nostre parti istintuali, troppo spesso ce le fanno percepire come sporche o pericolose, senza la giusta modulazione esperienziale.

Abbiamo la più vaga idea di quante lotte estenuanti devono

sostenere le nostre parti più intime per poter sopravvivere da adulti, anche solo in minima parte, per essere ed esprimersi?

Troppo spesso dimentichiamo l'importanza che invece dovrebbe avere il raggiungimento di un sano e armonioso equilibrio mentale e spirituale.
Guai a soffocare completamente questa nostra ancestrale dimensione mentale ed emotiva, perché si può soffocare, ma non eliminare. Con la stessa astuzia e meticolosità dell'acqua, essa solcherà e traccerà la sua strada per emergere. Lo farà in maniera selvaggia, con l'energia di un guerriero arrabbiato e con un forte desiderio di vendetta dimostrativa. Alla fine griderà la vittoria dell'esistenza sotto forme poco piacevoli e invalidanti per gli esseri umani, creando, come abbiamo più volte detto, i sintomi.

Essi possono essere di varia natura: puramente emotivi e quindi psichici, come ansie, fobie, comportamenti compulsivi, disturbi dell'umore... o psicosomatici, quando il corpo diventa il contenitore di un mentale saturo di sofferenza, che trasla e proietta il tutto su di sé. Inizia a gridare aiuto nelle forme più variopinte e stravaganti, perché non dimentichiamo che l'Inconscio nella sua istintuale creatività può essere un grande artista. Così possiamo cavarcela con blandi mal di testa o dolori allo stomaco, fino ad arrivare a veri propri crolli del sistema immunitario, che inevitabilmente facilitano la strada al nostro artista ribelle nel colpire l'organo ideale per parlare del suo malessere inespresso e troppo spesso soffocato e boicottato, anche in maniera molto drammatica.

Basti pensare che la pancia è il nostro secondo cervello (*cervello enterico*), dove risiede circa 80% della serotonina, e che il reflusso e la bile, come il fegato, rappresentano per eccellenza il riflesso delle cose non digerite, la rabbia pura e via dicendo, per ogni singolo organo del nostro copro, con le sue specifiche connessioni psico-emotive.

Potrei farvi un elenco di pagine intere, ma eviterò di focalizzarmi su cose tristi, perché l'intento del libro è diametralmente opposto: educare i nostri potenziali su modalità sane ed evolute per contrastare questo triste scenario, che coinvolge parte della popolazione.

I nostri pensieri, organi, comportamenti ed emozioni sono energia, come lo sono il mondo animale, vegetale o il sistema solare, il cosmo e così via. Se è vero che miliardi di anni prima del così detto Big Bang era tutto una palla incandescente, un fitto tessuto energetico, allora non è assurdo pensare che tutto sia unito dal Tutto e che siamo qualcosa di più della somma delle singole parti. "Siamo Energia!", da attivare e rinforzare con audacia e forte motivazione ogni giorno della nostra vita, e tutto questo può avvenire solo prendendo consapevolezza di quello che siamo e cosa vogliamo, cercando di ripulirci da tutte quelle sovrastrutture psico-emotive e comportamentali inculcateci, che ci allontanano dal Tutto.

Solo imparando a fidarci e fiutare il nostro "intuito" e la nostra "istintuale creatività" potremo unire i pezzi del puzzle e dare una forma completa di immagini interne ed esterne della realtà, altrimenti frammentate e prive di importanti sfumature che fanno la differenza nella reale percezione delle cose.

SEGRETO n. 3: un sintomo rappresenta un conflitto tra istanze interne di pari forza, le quali creano una loro stasi,

manifestandosi con malesseri di varia natura, da sintomi psicosomatici, dove il corpo diventa il teatro delle sofferenze psichiche, a sintomi più puramente psico-emotivi. La differenza sostanziale del sintomo sta nella sua manifestazione e durata. Se esso è transitorio in una situazione faticosa per la persona, allora può essere una risorsa per capire cosa c'è che non va in noi; se invece persiste, cronicizzandosi in una modalità psico-emotiva e comportamentale disfunzionale, la situazione diventa allarmante.

Proprio su questo delicato punto è nato in me il grande desiderio di integrare le mie conoscenze, a disposizione della messa in discussione e della ricerca teorica, ma soprattutto esperienziale, con l'intento di poter creare una via, metaforicamente parlando, per poter arrivare a queste informazioni invisibili ma esistenti e renderle visibili attraverso qualsiasi modalità che possa essere decodificata: segni, simboli, immagini, suoni... Perché ogni persona si deve sentire libera di usare il *canale sensoriale* che predilige per poter entrare in contatto con queste dimensioni evolute.

Facendo clinica da più di dieci anni, era sempre più evidente in me il malessere nel cercare di capire l'evoluzione interiore delle persone solo attraverso momenti o periodi della vita di grande sofferenza. Così iniziai a pormi delle specifiche domande: "Perché solo il dolore e la sofferenza ci fanno crescere? È possibile che i nostri potenziali risolutivi siano così limitati? Il buio e il vuoto, con correlati vissuti emotivi devastanti, sono l'unico modo per crescere?".

La mia mente era continuamente affollata da domande che mi creavano ansia, senza trovare soluzione negli occhi o nelle parole dei pazienti; così arrivai a dedurre che la risposta doveva arrivare da una mia personale ricerca interna, allo scopo di sciogliere i tanti punti interrogativi.

Prima di tutto ho fatto un lavoro di purificazione e neutralizzazione rispetto agli stimoli negativi, attraverso i quali la cultura e la società quotidianamente ci influenzano. Siamo costantemente travolti a livello psichico dalla miriade di informazioni con contenuti di notevoli sfumature negative. Le informazioni mediatiche infatti rappresentano, se ancora non l'avete capito, la forma di terrorismo per eccellenza, plasmando le menti umane più fragili a favore della loro politica, creando, vi prego di passarmi il termine, "depressione cosmica".

Le persone sono spaventate dalle crisi economiche, politiche, da quelle dei valori... che sta attraversando il nostro momento storico-sociale e dal bombardamento mediatico che viene fatto ogni giorno, più e più volte. Come risultato abbiamo sempre più persone impaurite e represse; sappiamo benissimo cosa succede con il tempo alle menti e alle anime compresse e frustrate: semplicemente esplodono! Basti pensare ai fatti di cronaca che quotidianamente accadono. Esempio: l'aumento delle violenze sessuali sulle donne. Non è un caso, visto che l'aspetto libidico nella psiche è l'"istinto pulsionale" per eccellenza.

Proprio di fronte a questo scenario e a un mio personale momento di difficoltà, un paio di anni fa ho preso la decisione di proteggermi da tutta la negatività percepita dal mondo esterno. Così non ho più guardato la tv, solo documentari e film selezionati ad alto contenuto positivo, culturale e spesso ludico; la stessa cosa è stata fatta per la lettura, la musica, il cibo, l'attività fisica, le amicizie… Insomma, ho circondato la mia vita di cose belle, positive, profonde, giocose e quindi di pensieri, emozioni, immagini, suoni, affetti e stili di vita che avessero vibrazioni energetiche positive e che attirassero altra energia positiva.

Tutto è energia, non solo le cose materiali come gli organi, la pelle, un albero, ma anche le emozioni e i pensieri emanano onde vibrazionali, flussi di energia che rappresentano parte del nostro essere, quindi della costruzione della nostra vita nel bene e nel male.

Sentivo che circondarmi di vibrazioni sane e vitali era fondamentale, ma non abbastanza, così iniziai una corsa in discesa nella mia interiorità, nella parte ombra, nel vero Sé. Entrai in contatto con parti più evolute, che mi avrebbero potuto guidare in questo percorso di messa in discussione e crescita. Il tutto grazie alla tecnica da me chiamata "L'Intuito Creativo", della quale parlerò dettagliatamente più avanti.

Il materiale inconscio estrapolato da questa preziosa tecnica ha come scopo principale l'armoniosa integrazione dei sottili mondi invisibili, l'Inconscio e l'Energia, attraverso la decodifica dello stesso, poi trasformato in vere opere d'arte, quindi nel "bello" e nel "positivo", arrivando a farne una mostra artistica. Anche di questo vi parlerò successivamente.

Allora, si può pensare di trasformare un momento faticoso della nostra vita, in cui c'è rigidità di pensiero e di immaginario mentale altamente negativo e pessimista, in qualcosa di evoluto, positivo e bello? Assolutamente sì! Questa è la grande risorsa che abbiamo noi esseri umani, basta volerlo. L'importante è che, in quei momenti difficili, ci doniamo la possibilità di superare le nostre rigidità, i nostri pensieri compulsivi e autistici, accompagnati da comportamenti apparentemente consolatori, sostituendoli con stili di vita psico-emotiva e comportamentale e flussi d'energia interni ed esterni a noi, armoniosi, vitali e positivi.

Qualsiasi tipo di trasformazione e cambiamento interiore deve essere contestualizzato all'interno di un percorso personale, rispettando i propri tempi psichici e i propri obiettivi, sottolineando l'importanza di non essere meccanici in quel che si fa, ma di sentire e donare profonda consapevolezza, dopo un'accurata analisi realistica degli obiettivi, che ci portano a innalzare il livello mentale.

SEGRETO n. 4: donare intuizione e flessibilità nel vedere e percepire la risoluzione dei problemi, attraverso la tecnica da me esperita "Intuito Creativo", diventa fondamentale per contrastare la rigidità psico-emotiva, permettendo di far evolvere, attraverso modalità non sofferenti e positive, le persone incastrate nei loro sintomi, permettendogli di vedere i sottili mondi invisibili esistenti all'interno di un totalitario flusso d'Energia.

RIEPILOGO DEL CAPITOLO 3:

- SEGRETO n. 1: per capire chi siamo e cosa vogliamo è fondamentale imparare a guardare, anche con i nostri sensi, con più flessibilità e Intuito Creativo, schermandoci dalla valanga d'informazioni esterne a noi: da quelle famigliari e sociali a quelle dei mass media, che hanno l'intento di offuscare la nostra capacità visiva e sensoriale. Amplificare i potenziali mentali e sensoriali ci permette di vedere il non visto ma esistente, quindi: l'Inconscio e l'Energia.
- SEGRETO n. 2: noi esseri umani agiamo mediante due principi: il "principio del piacere", dove scalpitano i nostri più profondi desideri e le pulsioni più viscerali, quindi la nostra zona ombra, l'Inconscio. Questo principio ha come scopo quello della gratificazione immediata, ovvero evitare qualsiasi tipo di dispiacere. Il "principio di realtà" rappresenta invece il principio regolatore del funzionamento psichico, modulato dall'Io, il quale riorganizza in maniera accettabile l'insieme delle nostre modalità comportamentali, di pensieri e valori a noi imposti dal mondo esterno, che strutturiamo attraverso il Super-Io.
- SEGRETO n. 3: un sintomo rappresenta un conflitto tra

istanze interne di pari forza, le quali creano una loro stasi, manifestandosi con malesseri di varia natura, da sintomi psicosomatici, dove il corpo diventa il teatro delle sofferenze psichiche, a sintomi più puramente psico-emotivi. La differenza sostanziale del sintomo sta nella sua manifestazione e durata. Se esso è transitorio in una situazione faticosa per la persona, allora può essere una risorsa per capire cosa c'è che non va in noi; se invece persiste, cronicizzandosi in una modalità psico-emotiva e comportamentale disfunzionale, la situazione diventa allarmante.

- SEGRETO n. 4: donare intuizione e flessibilità nel vedere e percepire la risoluzione dei problemi, attraverso la tecnica da me esperita "Intuito Creativo", diventa fondamentale per contrastare la rigidità psico-emotiva, permettendo di far evolvere, attraverso modalità non sofferenti e positive, le persone incastrate nei loro sintomi, permettendogli di vedere i sottili mondi invisibili esistenti all'interno di un totalitario flusso d'energia.

Capitolo 4:
L'Intuito Creativo

> "La mia coscienza ha diverse lingue
> e ogni lingua ha una diversa storia."
> William Shakespeare

Quali sono le mie difficoltà? Come posso risolverle? Cosa voglio? Come raggiungere i miei obiettivi? Potrei andare avanti per pagine intere a elencare domande che quotidianamente ci poniamo in maniera disperata e con forti sensi d'impotenza; siamo così fertili nel crearci problemi e così sterili nel trovare soluzioni, se non quelle autistiche, metaforicamente parlando, che ci ronzano per la testa. È come se, con il passare degli anni, le persone perdano o dimentichino una delle grandi doti che si hanno da bambini: la capacità di risolvere le problematiche in maniera semplice, flessibile e straordinariamente creativa.

Noi grandi tendiamo a irrigidirci ermeticamente, spesso con un velo depressivo-ansiogeno, di fronte alle difficoltà, siano esse comportamentali o psico-emotive.

Dalla mia esperienza sia clinica che personale ho potuto costatare che si possono riattivare le risorse interne ed esterne a noi per superare le situazioni difficili, con il supporto di specifiche tecniche che hanno lo scopo di fiutare e seguire il nostro innato intuito, per poi poterci fidare di esso in maniera energica e creativa, come guida alla risoluzione. Il tutto all'interno di una Realtà Quantica, di energia probabilistica, che permette di rendere visibile l'invisibile esistente.

La parte pratica del progetto, che propongo come momento esperienziale nella parte finale del libro, verte proprio intorno a queste tematiche. Tramite l'induzione di uno stato di profondo rilassamento, si cercherà di attivare capacità risolutive ed evolutive del proprio modo di vedere, percepire e immaginare sé stessi.
Un vero e proprio viaggio alla ricerca del Sé originario senza le impalcature create dal contesto sociale, basato sul principio del piacere, quindi tutta pulsione e istinto alla mercé di una

gratificazione immediata. Una ricerca fatta di linguaggi informali, complessi, mascherati, a cui dare coscienza e mettere il tutto in un armonioso dialogo con la nostra parte più razionale e logica, il Super-Io, mediato da un sano Io regolatore, principio di realtà.

Così ci immergeremo in un luogo ancestrale ricco di energia curativa, grazie alla quale la nostra mente e la nostra anima, quasi come per magia, diventano plasmabili al volere del Sé, ingrediente segreto per il raggiungimento di un sano e vero equilibrio interiore.

Il Sé diventa una via di creatività istintuale a cui dare luce, da imparare a conoscere, con cui dialogare, con l'intento di farlo incontrare con la nostra parte razionale e consapevole, il Super-Io. Questo ci permette di superare la scissione tra istanze, con tutte le loro forze opposte in lotta per la sopravvivenza, permettendoci di farle vivere e convivere in armonia.

SEGRETO n. 1: l'induzione ipnotica-meditativa dell'Intuito dell'Atto Creativo ci porta a uno stato di profondo rilassamento, diventando il mezzo con cui si può entrare

deliberatamente in contatto con l'Inconscio. Si stabilisce così una connessione *consapevole* **con i fenomeni psichici in ombra, per poi creare un vero e proprio ponte con la nostra coscienza, che si allena a considerare i contenuti del suo opposto, l'Inconscio, fatti di fantasie, intuizioni, simboli e immagini, pensate e vissute alla stessa stregua di un pensiero razionale.**

Ancora una volta ritorniamo al concetto che tutto è unito. Iniziare concretamente a pensare la vita non nelle sue polarità, ma come *Uno nel Tutto*, e adoperarsi seriamente nel viversi con tale intenzione, significa aver preso consapevolezza della via maestra, che ci può condurre ad essere appagati dal nostro vero Sé, o meglio: chi siamo veramente, cosa vogliamo, quali sono le nostre vere potenzialità, e di conseguenza capire la nostra reale missione in questa vita.

SEGRETO n. 2: superare l'opposizione tra le istanze inconsce e quelle consce, dove non si predilige una piuttosto che l'altra, permette un'armoniosa melodia interiore, segnando la via maestra che porterà al vero Sé.

RIEPILOGO DEL CAPITOLO 4:

- SEGRETO n. 1: l'induzione ipnotica-meditativa dell'Intuito dell'Atto Creativo ci porta a uno stato di profondo rilassamento, diventando il mezzo con cui si può entrare deliberatamente in contatto con l'Inconscio. Si stabilisce così una connessione consapevole con i fenomeni psichici in ombra, per poi creare un vero e proprio ponte con la nostra coscienza, che si allena a considerare i contenuti del suo opposto, l'Inconscio, fatti di fantasie, intuizioni, simboli e immagini, pensate e vissute alla stessa stregua di un pensiero razionale.
- SEGRETO n. 2: superare l'opposizione tra le istanze inconsce e quelle consce, dove non si predilige una piuttosto che l'altra, permette un'armoniosa melodia interiore, segnando la via maestra che porterà al vero Sé.

Capitolo 5:
A Quantum Experience

"Ogni progresso deve venire dal profondo e non può essere in alcun modo incalzato o affrettato. Tutto è condurre a termine e poi partorire. Lasciare che ogni impressione e ogni germe di un sentimento si compia tutto dentro, nell'ombra, nell'indicibile e inconscio e inattingibile alla propria ragione e con profonda umiltà e pazienza attendere l'ora della nascita di una nuova chiarezza..."

Rainer Maria Rilke

Prima di concentrarci sul prossimo capitolo, dove andrò a spiegare gli ingredienti segreti per la riuscita dell'esperienza di crescita, che poi faremo insieme, voglio spendere alcuni minuti per parlarvi della parte artistica della ricerca, con lo scopo di farvi capire, seppur in maniera più simbolica-visiva, il lavoro che potrete fare con le vostre personali caratteristiche trasformative. Evolvere ed esistere per come realmente volete essere.

La mia ricerca artistica consiste nello studio probabilistico dell'integrazione sinergica delle linee di forza corpo-pelle con quelle scultura-materia, all'interno di una Realtà Quantica. Lo scopo finale è di rendere materia l'immateriale e visibile l'invisibile esistente, sia delle nostre zone-ombra interne, che del mondo che ci circonda in termini d'energia.

L'estrapolazione finale del segno-simbolo che emerge da ognuno degli undici lavori, ai quali potete accedere anche attraverso un link esplicativo alla fine del capitolo, rappresenta il tutto.

L'opera d'arte (linee scultura-materia), le movenze corporee (linee corpo-pelle) e l'attivazione psico-emotiva dei sensi (parte psico-quantica) con l'atto creativo (foto con estrapolazione segno-simbolo), hanno dato vita a una sinergica integrazione, pratica e psichica, creando un *Uno*.

Il tutto è stato possibile grazie all'ausilio di tecniche preziose come: la presenza, il magnetismo, ipnomentalismo, l'autoipnosi, le quali mi hanno permesso di raggiungere stati di profondo rilassamento e d'attenzione fluttuante, tali da abbassare i meccanismi difensivi psichici che, nella nostra quotidianità di stato di veglia, ci distaccano dal Tutto.

Questi stati di profondo rilassamento sono diventati veri e propri ponti del fluire d'energia, di tensioni, di immagini, di pensieri emotivi e di movenze corporee che, dal mondo caotico e indecifrato interno, sono stati proiettati a quello esterno tramite pensieri, immagini, colori, segni, simboli, forme che diventano carichi di significato, un po' come preziosi messaggi guida sotto forma di "Pacchetti Quantici" da decodificare.

Tutto questo ha permesso di poter far esistere in maniera integrata e sinergica le tante parti vitali interne a me, tenute rigidamente separate nei pensieri e nei comportamenti. Ora possono vivere con armoniosa leggerezza, donandomi una completa pienezza d'animo, nell'essere me stessa!

SEGRETO n. 1: la ricerca artistica ha preso vita grazie a delle specifiche tecniche di rilassamento, che hanno fatto da ponte tra la coscienza e i contenuti dell'Inconscio, vivi di immagini, segni e simboli: "Pacchetti Quantici", da decodificare nella loro valenza di messaggi guida di

consapevolezza evoluta.

Quale modo migliore per poter dare respiro ai principi basilari della mia ricerca, basati su fondamenta di prorompente vitalità e positività, come modello di crescita e messa in discussione, se non una ricerca artistica?

Quando sentii il profondo bisogno di uscire da un intervento clinico ortodosso per capire come aiutare le persone a crescere, fu subito chiaro che qualsiasi cosa stessi per creare dovevo in primis, per etica e professionalità, sperimentarlo su di me, avendo rispetto del mio essere e della mia più vera espressività.

Inizialmente era tutto molto confuso, non è mai piacevole avere la sensazione irrequieta di essere a un attimo da un'intuizione, ma senza saper valutare un tempo di gestazione, né tanto meno del parto. Si ha sempre paura che essa passi nell'ombra della consapevolezza e che non riusciremo a riprenderla più.

Un'intuizione è come un grande amore, a volte non bastano la passione e il sentimento, è fondamentale che ci siano una serie di concomitanze a renderla realizzabile, come i giusti tempi di maturazione, il giusto livello di motivazione, credenze e intenzione, in altre parole un livello di energia interiore e contestuale ottimale perché il tutto possa accadere. Solo allora la magia si accende e il tutto prende vita. Ogni tassello prende il suo spazio e il caos interno lascia posto a un'immagine che, piano piano, diventa sempre più limpida fino a non poter fare a meno di vederla nella sua pienezza.

Proprio così e successo nel mio percorso di consapevolezza, che si è concluso con la scelta del posto dove poter lasciare andare il mio potenziale creativo con armonia e amore, come nel parco "La Serpara".

SEGRETO n. 2: bisogna saper afferrare con coraggio le proprie intuizioni, per poi trasformarle in realtà.

Il parco La Serpara ha luogo nella terra dell'alta Tuscia, in provincia di Viterbo, e rappresenta uno dei tre parchi del Neorealismo in Italia. Nasce dall'idea e dall'amore di Paul Wiedmer, scultore svizzero, e di sua moglie Jaqueline Dolder, per la botanica e l'arte.

Il parco è una valle protetta fra due costoni di roccia e ha un microclima tutto suo, dove riescono a proliferare piante esotiche. Inizialmente residenza studio italiana di Paul Wiedmer, dalla fine degli anni Novanta si arricchisce ogni anno con due lavori artistici selezionati. Oggi, dopo vent'anni dall'apertura al pubblico, il parco appare come un giardino botanico e di scultura, dove la natura e il gesto dell'uomo convivono compenetrandosi, dando al visitatore un forte messaggio di meraviglia.

Sentire il desiderio di sviluppare una ricerca artistica al suo interno non sorprende. Un luogo dall'energia ancestrale, che permette una visione e un ascolto magico della natura e di qualsiasi cosa passi o decida di fermarsi in questo meraviglioso giardino botanico e di materia plasmata. Quando Paul e sua moglie Jaqueline, con affetto, mi dissero che erano felici di mettermi a disposizione La Serpara, onorata della totale fiducia che mostravano in me, iniziai con entusiasmo e convinzione il mio viaggio quantico.

Non mi resta che lasciarvi alla visione del video, che renderà giustizia e chiarezza alle parole sopra scritte!

http://www.silviapiconi.com/newsletter/

http://www.serpara.net/

A Quantum Experience #1 | Silvia Piconi 2017

Libertà dell'anima

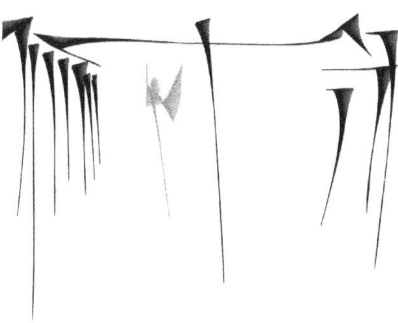

Libertà dell'anima

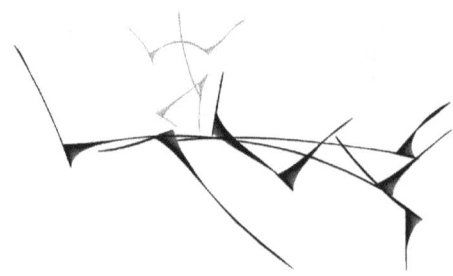

RIEPILOGO DEL CAPITOLO 5:

- SEGRETO n. 1: la ricerca artistica ha preso vita grazie a delle specifiche tecniche di rilassamento, che hanno fatto da ponte tra la coscienza e i contenuti dell'Inconscio, vivi di immagini, segni e simboli: "Pacchetti Quantici", da decodificare nella loro valenza di messaggi guida di consapevolezza evoluta.
- SEGRETO n. 2: bisogna saper afferrare con coraggio le proprie intuizioni, per poi trasformarle in realtà.

Capitolo 6:
Fondamenti esperienziali

"…La conoscenza deriva dall'esperienza…"
Albert Einstein

Prima di introdurvi al cuore dell'esperienza, è fondamentale soffermarci su alcuni punti che vanno compresi con estrema e profonda consapevolezza, per permettere all'esperienza stessa di essere pensata e vissuta, non in maniera meccanica, ma con il sentire dell'anima, del vero Sé!

Troppo spesso si sente dire e si legge su qualche rivista o libro che pensare positivo porta a trasformare i propri desideri, come per magia, ma senza approfondire i concetti dell'affermazione stessa. Vi assicuro che ancora più spesso le persone rimangono deluse vedendo che la magia su loro non ha nessun effetto, anzi, rinforza tutta una serie di pensieri e credenze su sè stessi altamente svalutanti e negative.

Decidere di mettere in discussione le nostre fragilità, come le nostre angosce o sofferenze, non è una cosa da poco, è un impegno che assumiamo con noi stessi, immenso e faticoso.

I più curiosi ora si staranno chiedendo: ma come, può essere faticoso decidere di uscire da una vita di dolore e sofferenza, per poter andare alla ricerca della serenità? In maniera provocatoria potrei ribattere a questa domanda dicendovi: "Ma siamo sicuri che una persona, dopo aver passato una vita identificandosi e sperimentando solo sofferenza e dolore, sia in grado di vivere in uno stato d'armonia con sè stesso?"
Sappiamo benissimo che non tutti i sodalizi sono facili, o addirittura fattibili!

Questa è una delle domande che spesso pongo alle persone che vengono a chiedermi aiuto al mio studio di psicoterapia. Sono molto sofferenti, una sofferenza che nella ricostruzione anamnestica ha origini arcaiche se non protomentali, spesso ha origine dal concepimento. Parlo di quelle persone il cui dolore interiore non è reattivo a un evento, come può essere ad esempio una separazione o la scoperta di una malattia.

Vi assicuro che le risposte sono molto lontane da quello che voi potreste immaginare. I pazienti, dopo avermi guardata increduli per qualche secondo, mi rispondono: "Dottoressa, non lo so... Questa domanda mi spaventa e destabilizza... non ci avevo mai pensato!".

SEGRETO n. 1: non basta pensare coscientemente positivo per cambiare la nostra vita, ci vuole il consenso anche del nostro Inconscio.

Parliamo di individui che hanno costruito la loro personalità facendo sperimentare a ogni singola cellula, pensiero, fantasia, emozione, affetti e comportamenti, esperienze di vita ad alto contenuto di negatività, così che, drammaticamente, si riconoscono e si sentono vivi solo in situazioni similari. Pensiamo a una donna che sin da piccola è stata maltrattata e picchiata dal padre: non ci si deve stupire se da grande le storie relazionali che inizia sono solo con uomini violenti. Paradossalmente sono proprio quelle violenze, quegli urli che la fanno *sentire* viva, che le permettono di riconoscersi come persona. Proprio quel ceffone fa percepire le parti del corpo, una carezza non avrebbe quell'effetto, ma anzi le farebbe sperimentare l'assenza del Sé. In altre parole, non *sentirebbe* nulla di quello che è abituata a sentire per esistere.

Per tale motivo gli esseri umani tendono a creare le così dette "coazioni a ripetere" o meglio: mettere in atto processi psico-emotivi relazionali e comportamentali, con situazioni e persone, identici al passato. Per quanto devastante possa essere stato, è pur sempre il mondo che conoscono e che li fa riconoscere. I mondi conosciuti, se pur disfunzionali, non ci danno la sensazione di essere risucchiati in un vortice che ci fa sperimentare il vuoto del nuovo, inteso come cambiamento e trasformazione, dove i nostri sensi, le nostre emozioni e la nostra mente, non conoscendoli, sprofonderebbero nell'angoscia.

Ora iniziate a capire che non basta pensare positivo per trasformare e invertire un flusso vitale interno che rema nella direzione opposta con molta più forza di quanto si possa immaginare.
Un processo di crescita interiore è una cosa molto seria e faticosa, ha bisogno di lavorare su punti cardine, per far sì che le cose

vadano realmente nella direzione di un livello di consapevolezza trasformativa superiore.

SEGRETO n. 2: le persone tendono a mettere in atto le "coazioni a ripetere". Esse rappresentano tutti quei comportamenti relazionali e psico-emotivi a loro familiari, con lo scopo di rassicurare rispetto all'angoscia del nuovo.

Attenzione però! Quando ci rendiamo conto che questo percorso evolutivo con noi stessi, anche se fatto con impegno, non avviene, allora è il caso di chiedere aiuto a uno specialista, il quale ha lo scopo di rinforzare le nostre strutture interne per permettere poi di scavare su aree molto importanti e delicate, che chiameremo i nostri "contenuti mentali psico-emotivi".

Essi rappresentano la nostra storia di vita, tengono legate come schiave le nostre parti vitali del Sé, sconosciute alla coscienza. Entrare in contatto con i nostri contenuti mentali significa poter sciogliere tutta una serie di nodi psico-emotivi, donando ad essi luce e ascolto consapevole. Poi, rispettando i giusti tempi psichici e dopo aver creato dei mattoni mentali sufficientemente stabili per sostenere il nuovo, si può passare a lavorare sui processi e sulle strutture mentali, ristrutturando e modulando nuovi modi di esistere, per come vogliamo veramente essere.

Si creano così veri e propri percorsi neuronali alternativi che ci fanno esperire, pensare e sentire nuovi modi di vivere e percepire la nostra vita.
Si può così pensare di costruire dei veri e forti pilastri psichici, pronti a reggere e sorreggere i pesi della vita e permettere in termini più realistici di riuscire a pensare positivo o lavorare a degli obiettivi personali da raggiungere.

Immaginiamo le nostre aree interne come dei cristalli nella loro struttura fissa: non possono essere rotti in qualsiasi modo, questo vale anche per tutti quei comportamenti o modi di pensare ed emozionarsi, fino alla strutturazione di sintomi. Detto questo diventa chiaro che non si può passare da un ordinamento strutturale a un altro in maniera automatica.
Rinforzate le basi psichiche, diventa più facile lavorare sull'evoluzione trasformativa dei propri processi mentali, che ci permettono di arrivare al traguardo prestabilito, senza che i

contenuti interni ostacolino in maniera inesorabile il tutto.

SEGRETO n. 3: prima di lavorare sui contenuti mentali, rappresentanti la nostra storia di vita psico-emotiva, è fondamentale creare delle solide basi psichiche, che permettano di lavorare sulla trasformazione della struttura e quindi dei processi mentali. La nascita di nuovi percorsi neuronali, nuovi modi di pensare, agire ed emozionarci.

Questo è possibile *anche* attraverso l'ausilio di tecniche come quelle di rilassamento, meditative, di visualizzazione, comportamentali o attraverso la consultazione di libri, videoregistrazioni e di tutte quelle esperienze di vita che ci permettono di esperire momenti di crescita trasformativi processuali.

Basti pensare a come può stravolgere e far crescere anche in tempi brevi un grande amore, purché esso sia quello giusto e sano per noi. La fase iniziale, detta dell'innamoramento, può avere dei risultati straordinari. Il consequenziale innalzamento dell'energia vitale interna, la forte intenzione di voler stare con quella persona, unita ad una grande motivazione e costanza (ingredienti segreti per il successo dei nostri cambiamenti, ve ne parlerò nel dettaglio tra poco), nel lottare ogni giorno per quell'amore, crea nell'individuo stesso dei cambiamenti quasi miracolosi e soprattutto in quelle persone sofferenti che non si sarebbero mai concesse di sperimentare una tale vivacità nella loro vita.

Attenzione però! Come già detto sopra, se la persona ha fatto questo salto nel vuoto, o meglio senza aver costruito le adeguate basi psichiche, la magia può svanire nel momento stesso in cui la fase idilliaca dell'innamoramento finisce. Come sappiamo essa ha un tempo limitato, terminato il quale si trasforma in un amore più maturo, che inizia a vedere e percepire la vita di coppia con un esame di realtà più reale e concreto.

Allora l'altro, o l'altra, iniziano a manifestare dei difetti e tratti caratteriali che non piacciono. I problemi e le difficoltà prendono il sopravvento, così tutte le vecchie credenze limitanti, sofferenze e angosce interiori, i nostri contenuti mentali, si risvegliano dal letargo, ritornando a galla con forza e con tutte le loro vecchie modalità psico-emotive relazionali e comportamentali.

Vista la sua estrema importanza e delicatezza, mi soffermerò ad approfondire tale questione.

La vita è una fitta trama, intessuta durante ogni singolo, prezioso e unico momento della nostra storia personale. Come una ragnatela, è fatta di precisi fili che portano ad altri precisi punti. È come se il lavoro incessante fatto durante la nostra vita avesse portato alla formazione di rigide strade. Ognuna di queste vie contiene e dà vita a pensieri, immagini e quindi emozioni. Allora capiamo bene come ogni singolo filo della ragnatela sia il contenitore di un mondo vivo, che ci porta a prendere decisioni, agire e pensare, nel bene e nel male, in un determinato modo acquisito – tessuto –, con molta pazienza e fatica.

Rappresenta quello che noi siamo riusciti a essere e fare, con le nostre risorse immerse in un determinato contesto familiare-storico-sociale. Osservare solo i fili e le tante strade che segnano la creazione finale della ragnatela, e quindi focalizzarci esclusivamente sui processi che creano una struttura, credo diventi veramente limitante. È come voler cambiare la struttura della ragnatela, senza sapere se spostare o creare nuovi fili possa apportare instabilità e disequilibrio alla struttura stessa.

Pensiamo a una casa con delle piccole stanze, dove non passano luce né la giusta energia. La prima cosa che ci verrebbe in mente è quella di ristrutturare l'ambiente, in modo tale che sia più adatto a quello che realmente vogliamo. Cosa succederebbe se iniziassimo ad abbattere e spostare i muri portanti o i pilastri della struttura, senza esserci accertati della sua solidità? È necessario rinforzare con altri pilastri la struttura stessa, affinché sia bella come la vogliamo ma nello stesso tempo anche sicura e stabile per vivere ogni giorno della nostra vita con serenità, altrimenti si rischierebbe il crollo della struttura. La mente funziona allo stesso modo!

Guai a voler cambiare in maniera selvaggia la nostra vita senza aver prima capito come poterlo fare, e solo dopo esserci rinforzati psichicamente. Altrimenti il risultato finale può essere una nostra frammentazione o la stasi. Quest'ultima è causata da meccanismi psichici difensivi che si mettono in azione e vanno in una sorta di modalità di autoprotezione nei confronti del nuovo, del cambiamento, diventando fonte di angoscia e destabilizzazione.

SEGRETO n. 4: la nostra mente è come una casa, fatta di tante stanze aperte e altre chiuse. Esse contengono la nostra storia di vita, che si sorregge su pilastri portanti. Eliminarne porzioni, come i muri portanti, se non viene fatto con tutti gli accorgimenti dovuti, può essere molto pericoloso sino ad arrivare al crollo stesso della struttura.

Ora possiamo capire quanto sia rischioso andare a togliere quei pilastri interni che, seppur disfunzionali, sono comunque stati e sono fondamentali per sorreggere la propria struttura psichica. Può essere incompleto lavorare solo sui contenuti, come sostengono i classici approcci psicoanalitici, o solo sui processi, come invece avviene con le forme di psicoterapia più moderne, ad esempio la cognitivo-comportamentale o la gestaltica, sino ad arrivare alle tecniche di PNL, di ipnosi, di visualizzazione e meditazione, e ad altre forme di tecniche basate sulla crescita e il benessere personale.

Vi assicuro che se le persone riescono a stravolgere la loro vita in quello che a voi sembra un attimo, prendendo decisioni forti e improvvise, in realtà questo repentino cambiamento è solo l'atto finale di quelli che sempre, e sottolineo sempre, sono stati tempi di maturazione lunghi, a volte anche di anni, su cui consciamente o inconsciamente stavano lavorando. La decisione finale rappresenta solo la punta dell'iceberg di un processo trasformativo, molto più complesso e profondo di quanto noi possiamo immaginare.

Prendiamo ad esempio una persona insoddisfatta e sofferente nel proprio ambito lavorativo, la quale non riesce a sentirsi viva né realizzata, ma non può lasciarlo, in quanto lo stipendio a fine mese gli serve per pagare le bollette, l'affitto, per crescere dei figli... ma non passa giorno che questa persona non pensi alla sofferenza che gli crea la situazione che sta vivendo, così che la mente, con determinazione e forza, rimugina momento dopo momento, giorno dopo giorno e ancor più spesso anno dopo anno su come e cosa potrebbe fare, in cos'altro potrebbe riuscire nella vita.

Lo pensa con minuziosità, come se fosse una cosa reale e concreta, ma poi all'atto pratico tutte le mattine si alza per andare in quell'ufficio che rappresenta l'inverno dell'anima, perché

l'insicurezza del cambiamento, i doveri e le responsabilità di garantire una vita decente alla sua famiglia, gli fanno crollare il bel castello dei sogni, i suoi sogni!
Poi un bel giorno, esausta, la sua parte più istintuale le fa dire: "Basta, mollo tutto e provo a fare quello di cui mi sento capace!".

Ormai era lungo tempo che quella persona si pensava, si immedesimava e si sentiva in un nuovo scenario, aveva pianificato e imparato a conoscersi in quel modo con tali forza e caparbietà da arrivare al punto di creare nuovi fili della ragnatela mentale, e quindi nuovi percorsi neuronali di essere ed esistere.

I più forti e determinati a distanza di anni potranno dire: "Ho migliorato la mia vita, mi sento un'altra persona, mi sento vivo e realizzato… una bella mattina mi sono svegliato e in un attimo ho stravolto la mia vita!"
Siamo sicuri che l'abbia stravolta proprio *in un attimo*? O l'ultimo passaggio, quello finale, quello decisivo fatto tutto d'un fiato in realtà non sia stato poi così improvvisato, o ancor meglio improvviso, ma che le basi, le convinzioni e i comportamenti siano stati pianificati, pensati e sentiti per un tempo molto più

lungo e remoto, rispettando i tempi psichici?
Be'! Io credo che la risposta la possiate intuire anche da soli!

C'è anche da dire che alcune persone non si permettono il lusso di questo percorso interiore. Parliamo di chi passa una vita incastrato nella propria ragnatela, lamentandosi e disperandosi della propria sofferenza e infelicità senza far nulla, non maturando una reale *intenzione* al cambiamento, ma limitandosi a dei fastidiosi chiacchiericci interni. D'altro canto, c'è chi fa il grande salto senza aver costruito delle basi interne ben salde, limitandosi a fare delle coazioni a ripetere in negativo, pur di riconfermare la sua abituale identità. E così via…

Detto questo possiamo capire con più chiarezza come la persona che sente il bisogno di una crescita personale, attraverso la messa in discussione da autodidatta, sia nella maggioranza dei casi dotata di uno spirito di ribellione verso la stasi e il conformismo, con forti risorse interne e grandi capacità di introspezione, insight, confronto e messa in discussione. Ingredienti preziosissimi per riuscire nel meraviglioso percorso della crescita personale.

Proprio voi lettori, che vi siete soffermati su questo libro seguendo il vostro istinto e iniziando a leggerlo, sappiate che state scegliendo inizialmente la via più tortuosa, ma anche la più vera per la costruzione di un forte pilastro – sempre rispettando i vostri contenuti e tempi psichici – che vi porterà verso il cambiamento di alcuni processi mentali.

Per chi ha già delle basi personali, relative a percorsi terapeutici ad una spiccata capacità di insight emotive-intellettuali di messa in discussione, la lettura di questo libro porterà inevitabilmente anche ad un'evoluzione dei propri contenuti mentali. In questo caso il cambiamento sarà più profondo e radicale.

Sino a ora ho parlato molto dell'importanza della personale messa in discussione e dei cambiamenti, ma è anche doveroso spezzare una lancia in favore dei momenti di stasi e di caos interiore. Essi, se li viviamo in maniera transitoria, sono sani e fisiologici. Le regressioni in un percorso di psicoterapia, a volte, sono più preziose dei momenti evolutivi, perché ci danno la possibilità di tornare a lavorare su nostre situazioni e gap non risolti. È altrettanto vero che se la stasi s'incista in malessere persistente, allora si va verso la cronicizzazione di essa, con tutta la sua drammatica ripercussione sulla persona. In queste delicate situazioni le persone che tentano di apportare trasformazioni, avventurandosi su un lavoro che ha un'attenzione focalizzata solo sui processi della struttura psichica e non sui contenuti, rischiano la stasi. Questo tentativo può non essere sufficiente, bisogna fare un passo indietro verso l'ombra del nostro Inconscio, contenitore di nodi psico-emotivi da sciogliere. e poter riprendere così il percorso di consapevolezza a un livello superiore.

Di fronte alla permanenza di questi momenti di stallo è fondamentale poter lavorare con persone specializzate del settore come psicologi - psicoterapeuti, i quali possono aiutarvi ad accordare le vostre note interiori verso un'armoniosa melodia.

Non è un caso che noi specialisti chiamiamo il nostro lavoro *percorso* terapeutico, proprio perché un viaggio di crescita interiore ha bisogno dei propri tempi di maturazione e di una reale presa di coscienza, che ci permette e ci guida con più forza e sicurezza a un cambiamento concreto.

Ora non risulta difficile capire come mai molte persone, pur lavorando da sole su una messa in discussione personale, seguendo in maniera importante tutte le indicazioni pratiche che leggono o ascoltano da varie fonti, anche quelle personali, non apportano nessun cambiamento ai loro processi e strutture mentali. Dietro a tutto questo si annida un discorso molto più profondo su cui lavorare, che riguarda *i contenuti psichici sui quali si sono strutturati i processi mentali.*

Non tutte le persone riescono a creare nuove modalità di essere solo lavorando sui processi mentali. In quel caso è fondamentale intraprendere un percorso di profonda consapevolezza e metabolizzazione di tutti quei contenuti, come ad esempio le credenze limitanti, sui quali si sono incistate e cronicizzate parti di sé stessi.

SEGRETO n. 5: i momenti di stasi, caos e sofferenza interiore, se transitori, quindi di passaggio nella nostra vita, possono diventare i nostri bivi di messa in discussione verso il cambiamento.

Per concludere è importante ricordare che i nostri contenuti e processi mentali inconsci, non sono gli unici elementi invisibili alla coscienza che condizionano e creano la fitta ragnatela degli eventi della nostra vita. Dobbiamo immaginare ogni singolo filo invisibile della trama tessuta come il risultato finale di flussi d'energia che attiriamo come un magnete. Così si crea il Tutto.

RIEPILOGO DEL CAPITOLO 6:

- SEGRETO n. 1: non basta pensare coscientemente positivo per cambiare la nostra vita, ci vuole il consenso anche del nostro Inconscio.
- SEGRETO n. 2: le persone tendono a mettere in atto le "coazioni a ripetere". Esse rappresentano tutti quei comportamenti relazionali e psico-emotivi a loro familiari, con lo scopo di rassicurare rispetto all'angoscia del nuovo.
- SEGRETO n. 3: prima di lavorare sui contenuti mentali, rappresentanti la nostra storia di vita psico-emotiva, è fondamentale creare delle solide basi psichiche, che permettano di lavorare sulla trasformazione della struttura e quindi dei processi mentali. La nascita di nuovi percorsi neuronali, nuovi modi di pensare, agire ed emozionarci.
- SEGRETO n. 4: la nostra mente è come una casa, fatta di tante stanze aperte e altre chiuse. Esse contengono la nostra storia di vita, che si sorregge su pilastri portanti. Eliminarne porzioni, come i muri portanti, se non viene fatto con tutti gli accorgimenti dovuti, può essere molto pericoloso sino ad arrivare al crollo stesso della struttura.
- SEGRETO n. 5: i momenti di stasi, caos e sofferenza interiore,

se transitori, quindi di passaggio nella nostra vita, possono diventare i nostri bivi di messa in discussione verso il cambiamento.

Capitolo 7:
Elementi di contenuto e processo mentale

"...maturare come l'albero, che non incalza i suoi succhi e fiducioso sta nelle tempeste di primavera, senza l'ansia che dopo possa non giungere l'estate. L'estate giunge. Ma giunge solo a chi è paziente e vive come se l'eternità gli stesse innanzi, così sereno e spensierato e vasto. Lo imparo ogni giorno, lo imparo a prezzo di dolori ai quali sono grato. La pazienza è tutto!"

Rainer Maria Rilke

Per rendere i pensieri esposti nel precedente capitolo più chiari, passerò a parlarvi di alcuni aspetti di fondamentale importanza nel creare i *contenuti* e i *processi* mentali, i quali si manifestano con una loro personale e unica modalità espressiva.

Il bisogno di soffermarmi ad approfondire questi concetti nasce dalla consapevolezza che, essendo la base e i mattoni del nostro essere psichico anche un sapere concettuale e teorico, accompagnato e integrato alla parte esperienziale più emotiva, sono fondamentali per la riuscita del tutto.

Contenuti mentali

Sono l'insieme di pulsioni e desideri della nostra zona ombra, i quali si mescolano e prendono vita con tutte le esperienze e circostanze contestuali, sociali e storiche. La nostra storia di vita è l'insieme dei momenti di gioia e serenità, di quelli traumatici rimossi o non rielaborati, sino a raggiungere i blocchi emotivi che si annidano tra mente e corpo, dell'educazione familiare fatta di regole e valori, esplicitata e tramandata a noi, anche a livello di eredità transgenerazionale. Possiamo citare l'importanza dei miti familiari dei nostri antenati. Solo parlare e ricordare di essi ci dà forza ed energia per vivere appieno la nostra vita, o viceversa se hanno avuto su di noi un impatto negativo.

Pensiamo a una persona che ha educato con rigidità i figli a tal punto che alcuni di essi si sono bloccati nel loro spontaneo processo di crescita, facendo scelte sbagliate e così via. Per non parlare poi di tutti gli aspetti emotivi o scheletri nell'armadio irrisolti che si tramandano di generazione in generazione, manifestandosi in eterne coazioni a ripetere. Nelle culture orientali lo chiamano karma.

Nella mia esperienza clinica spesso mi capita di osservare famiglie in cui le donne, di generazione in generazione, hanno storie con uomini abbandonici, diventando ragazze madri giovanissime. Esse rimangono incastrate in questo copione, senza nessuna speranza di riuscire a scrivere nuove trame.

Si potrebbero scrivere pagine intere sulle tante eredità di pensieri, comportamenti, emozioni, ansie, angosce e sofferenze che gli individui apprendono e fanno proprie a partire dai loro contesti familiari.

Dico tutto questo perché è importante aver chiaro nella nostra mente che dai nostri cari non ereditiamo solo i geni, come il colore degli occhi o dei capelli, ma anche tutti gli aspetti psico-emotivi comportamentali, nel bene e nel male, che hanno avuto e tutt'oggi hanno una grande valenza all'interno della famiglia stessa. Questa è una realtà a cui non possiamo sottrarci. È come se ereditassimo degli apprendimenti neuronali: essi si rinforzano ancora di più con la ripetizione, di generazione in generazione, prendendo forza di valore e credenza dentro di noi.

A volte le famiglie sono delle vere e proprie ragnatele nelle quali si rimane incastrati. Le figure familiari dovrebbero svolgere il ruolo di protezione e di sana crescita, fondamentale per affrontare uno degli impegni più grandi che la vita esige da noi, o meglio, un vero e sano processo di separazione e individuazione, con il risultato finale di una completa e totale autonomia in questa vita, non solo da un punto di vista pratico ed economico, ma ancor prima psico-emotivo. In altre parole una libertà dell'anima, una libertà interiore, quella più difficile da raggiungere e più subdola da captare, in determinate circostanze, come reale bisogno.

Basti pensare che per la maggior parte dei genitori, e quindi dei loro figli, la cosa a cui dare più importanza è avere un buon lavoro, una bella casa e una famiglia, per poter dire: "Mio figlio si è sistemato!". Si trascurano completamente autonomie importanti come quella psichica ed emotiva, quindi interiore, la quale non tarda a manifestare malessere, come già spiegato nelle pagine precedenti, attraverso i sintomi, troppo e sempre più spesso anche sul versante fisico.

In questo caso il dramma si raddoppia, infatti se proiettiamo i nostri contenuti di sofferenza psichica sul soma sarà difficile riconoscerli nella loro reale forma, e un'ostinata cura del corpo separata dall'anima porterà a una risoluzione non reale del problema. Come un Pacchetto Quantico continuerà a saltare da una parte all'altra del corpo, colpendo l'organo bersaglio ideale nel manifestare e parlare del suo disturbo psichico, senza invece permettere una sincera cura del problema.

SEGRETO n. 1: i contenuti psichici sono tutta la nostra storia di vita, a partire dai nostri antenati, il "transgenerazionale", con tutte le sue componenti emotive, di valori, credenze, miti, scheletri nell'armadio, più o meno risolti, che s'incastrano e si integrano con la nostra trama di vita, in tutta la sua complessità comportamentale, relazionale ed emotiva.

I pensieri sopra citati aprono le porte ad altri due importanti contenuti: un buon funzionamento dell'Io e i meccanismi di difesa psichici. Temi che cercherò di semplificarvi il più possibile.

Sicuramente ricorderete il capitolo "Sintomi di realtà", dove più volte sottolineo l'estrema importanza d'imparare a conoscere, gestire e modulare le nostre parti pulsionali, cariche di energie selvagge e incontrollate, quindi il nostro Inconscio, per poterle così mettere in relazione con le nostre parti consapevoli, più o meno rigide, in base all'educazione familiare e sociale, fatta di norme e regole, che chiamiamo Super-Io, con lo scopo finale di allineare in armonia le due dimensioni opposte.

Pitagora affermava che la salute fosse la risultante dell'armonica mescolanza degli opposti. Quando i mattoni psico-emotivi sono allineati nella direzione del benessere, va da sé che anche i nostri comportamenti, con correlate azioni, pensieri, gesti, sono guidati verso un flusso d'energia vibrazionale della stessa direzione: questo permette il sano fluire evolutivo.

Questo allineamento è possibile in base alle capacità e all'evoluzione che ha raggiunto il nostro Io: rappresenta la funzione che organizza e modula le due istanze. Lo potremmo paragonare a una membrana che seleziona cosa può passare alla coscienza, e quindi vivere consapevolmente, e cosa no. A questo punto entrano in gioco i "meccanismi di difesa" che la psiche mette in atto per poter sopravvivere al meglio e in economia.

Questo significa che noi esseri umani viviamo attuando pensieri, emozioni e stili di vita, creando tutta una serie di processi mentali che provochino il minor dispendio d'energia possibile, evitando quindi paure, angosce e indovinate un pò? I cambiamenti! In questi sì che c'è un notevole dispendio d'energie!

Ora ci risulta più chiaro che meccanismi difensivi come la negazione (negare il problema), la proiezione (proiettare all'esterno di noi contenuti personali spiacevoli, non riconoscendoli più nostri) e via dicendo sono utili per l'economia psichica. Però ahimè! tanto utili quanto deleteri, perché ci limitano e ancor peggio ci ostacolano nella nostra crescita personale, nella trasformazione verso livelli di consapevolezza superiore del nostro vero Sé.

Mi viene in mente un pensiero molto bello di Luis Chiozza, che spesso ha guidato la mia vita, e con piacere voglio condividerlo con voi: "Si vuole preferire i cammini facili, senza tener conto

che la soluzione di oggi sarà il problema maggiore di domani".
Credo che sia una delle frasi più belle e vere che ogni tanto, soprattutto nei momenti difficili e vacillanti, sento il bisogno di leggere più volte, come fosse un mantra che mi aiuta a non prendere decisioni sbagliate e frettolose per paura di non farcela. Vi assicuro che mi ha sempre donato molta lucidità e un adeguato esame di realtà, che nei momenti difficili si tende a perdere.

SEGRETO n. 2: le nostre istanze mentali, Inconscio e Super-Io, sono modulate dall'Io, il quale cerca di mediare, con i nostri meccanismi di difesa mentale, nella maniera più economica possibile in termini psichici.

La nostra mente è un insieme di rappresentazioni interne, costruita durante la nostra storia esperienziale; abbiamo rappresentazioni di nostra madre, di nostro padre, del mondo dentro e fuori le mura domestiche, rappresentazioni di noi e di qualunque cosa ci circondi e appartenga alla nostra vita. Queste rappresentazioni interne sono corredate da immagini con corrispettivi vissuti emotivi che ci accompagnano in ogni nostro pensiero, poi si trasformano in azioni e come una bussola ci guidano per non farci perdere.

Il problema sorge nel momento in cui esse sono controverse. Regole, valori e norme disfunzionali e rigide bastano per fare bei danni. Pensiamo a tutte le credenze limitanti che ci impediscono di essere come noi vogliamo. Immaginiamo il ragazzino che fin da piccolo, sia a casa che a scuola, non si è sentito ripetere altro che frasi come: "Non capisci nulla! Sei un somaro!" Ora spiegatemi, come potrà mai un bambino con tali credenze limitanti e svalutanti dentro di lui fare grandi cose? Ancora peggio sarà quando si tenderà a generalizzare il tutto, come modello interiorizzato appreso, in ogni contesto e momento di vita.

Il nostro cervello non distingue tra una cosa vissuta e una pensata e immaginata profondamente ma, in entrambi i casi, mette in atto tutta una serie di processi chimici nella direzione degli impulsi attivati.

Per farvi sentire con più profondità e chiarezza l'importanza di questo punto, vi cito una storia molto bella e famosa che merita sempre di essere ricordata. Una storia che riguarda il più grande inventore della storia, Thomas Edison.

All'età di sei anni, quando iniziò le elementari, le maestre gli diedero una lettera in busta chiusa da consegnare alla madre, la quale, nel leggere il contenuto con le lacrime agli occhi, disse al figlio che la sua intelligenza era sopra la media e quindi, essendo un genio, non poteva continuare gli studi insieme ai suoi coetanei.

Da quel momento si prese cura lei dell'istruzione del figlio. Con totale devozione e amore, giorno dopo giorno gli diede gli strumenti per farlo crescere, sia a livello intellettuale che a livello creativo ed emotivo, sino al punto di diventare realmente un genio. La storia non finisce qua!

Quando la mamma venne a mancare, nel riordinare le sue cose Thomas ritrovò la lettera che le insegnanti gli avevano dato da piccolo, e scoprì che il contenuto era ben diverso da quello che poteva, anche solo lontanamente, pensare o immaginare. La lettera descriveva il bimbo come una persona stupida, motivo per cui non avrebbe potuto frequentare la scuola pubblica, e dunque avrebbe dovuto essere la mamma a occuparsi dell'educazione del figlio.

Possiamo renderci conto della crudeltà mista all'ignoranza delle maestre e della genialità della madre, che ha saputo trasformare un momento drammatico in qualcosa di stupefacente, quasi magico.
La nostra vita può cambiare radicalmente in base alle credenze che ci vengono create e ci creiamo da bambini, periodo in cui la nostra mente è al massimo della sua recettività e plasmabilità.

Per questa mamma sarebbe stato più semplice arrendersi davanti a una realtà, seppur sbattuta in faccia in malo modo, comunque formulata da persone "esperte", piuttosto che andare controcorrente. Ma solo andando controcorrente e prendendo la decisione più complessa e difficile ha creato una realtà piena e stupefacente per lei e suo figlio. D'altro canto non oso nemmeno immaginare che vita si sarebbe potuta aspettare se si fosse arresa a una tale e crudele credenza limitante. Questo racconto ci insegna perfettamente che le scelte facili di oggi saranno i problemi più grandi di domani.

SEGRETO n. 3: quando le nostre rappresentazioni interne si basano su credenze limitanti, valori e regole rigide e castranti, generano storie di vita disfunzionali che ci allontanano, impedendo al nostro vero Sé di essere nella sua armoniosa pienezza.

Ora iniziamo a capire con maggior consapevolezza e lucidità quanto sia importante lavorare su tutti quei contenuti psichici che ostacolerebbero in maniera drammatica i nostri tentativi di cambiare in meglio per poi passare a lavorare sui processi, i quali rappresentano l'azione pura del cambiamento concreto.

SEGRETO n. 4: prima consapevolizzare e metabolizzare la nostra vita laddove ce ne sia bisogno, poi passare all'azione reale che ci porta verso il cambiamento desiderato, rieducando e riprogrammando tutti quei processi mentali che hanno acquisito nel tempo meccanismi malsani.

Processi Mentali
Mi riferisco a tutti quei processi che prendono vita e si mettono in azione, innescando vere e proprie strade neuronali di risposta, le

quali si strutturano su specifici contenuti.

Ognuno di noi ha delle rappresentazioni e degli assetti mentali della realtà costruiti con le proprie storie, che poi ci condizionano in ogni momento decisionale, d'azione, emotivo e di pensiero nella nostra quotidianità. Ricordiamo tutto l'insieme di eredità transgenerazionale, il karma, il contesto in cui siamo cresciuti, sia famigliare che sociale, con le sue specifiche stimolazioni ed esperienza di vita, il nostro immaginario interiore, i nostri stati emotivi. Tutto questo diventa fondamento dei valori o credenze limitanti che caratterizzano la persona e condizionano in maniera radicale anche i comportamenti più semplici.

In psicologia, come nella PNL, si fa riferimento al concetto di *generalizzazione* per indicare la tendenza ad applicare a tutto e tutti, le cose che ci accadono, a seconda delle nostre specificità caratteriali e umorali.
Se la mattina ci alziamo e vediamo il cielo cupo e carico d'acqua, molti tenderanno a dire: "Che giornata del cavolo!", solo perché è brutto tempo. È come se il nostro il cervello avesse recepito: "Oggi sarà una giornata negativa" e con molta probabilità si manifesterà come tale. Altre volte la mente può usare modalità di

distorsione, fino ad arrivare alla *cancellazione*, di quelle situazioni di realtà che non ci fanno comodo.

Dobbiamo renderci conto dell'importanza di poter lavorare e smantellare tutta una serie di processi al fine di far emergere le sottostanti strutture mentali disfunzionali. Modalità che se ripetute giorno dopo giorno e anno dopo anno inevitabilmente faranno rinforzare e radicare in maniera profonda e stabile i nostri circuiti neuronali verso una precisa direzione comportamentale e vibrazionale, nel mettere in scena il copione teatrale che abbiamo scelto di recitare in questa vita.

Realizziamo così quanto sia importante poterci mettere in contatto con tutti questi aspetti mentali disfunzionali interni a noi, per poi consapevolizzarli e metabolizzarli là dove necessitano. Impariamo a rimodularli in forma più adeguata, con lo scopo di innalzare il nostro livello di vita pratico, mentale e sensoriale. Questo ci permette una vera e propria *meta-evoluzione*.

Dobbiamo riuscire a bloccare le nostre coazioni a ripetere e avere il coraggio di scrivere nuovi e più arricchenti capitoli della nostra vita, iniziando da piccole ma grandi cose. Lavorare nel micro rispetto a tutte quelle immagini, emozioni e pensieri che fiutiamo o sentiamo non essere adatti a noi, cercando di eliminare tutto ciò che crea buio interiore.

Se ci alziamo la mattina e la prima cosa che succede è inciampare e cadere dal letto, non dobbiamo pensare che la giornata ha preso una brutta piega, ma piuttosto donarci un sorriso e ironizzare sull'accaduto. Così facendo, gradualmente, desensibilizziamo tutti quei circuiti che si azionano in negativo, come brutti pensieri o emozioni, per lasciare il posto al rinforzo o, meglio ancora, alla formazione di nuove connessioni neuronali, con il risultato di modalità più sane e positive di pensare, sentire e vivere la vita.

Ora parleremo dell'importanza di avere un'*attenzione focalizzata* sulle giuste cose. A quanti di voi è successo di comprare una macchina e, proprio in quel periodo, vederne per strada tantissime dello stesso modello?

Sono convinta che ora starete pensando: "È vero!". Per farvi capire meglio di cosa sto parlando, vi invito a prendervi cinque secondi e osservare intorno a voi tutti gli oggetti di colore bianco. Bene! Avrete una precisa lista da elencare, ma se vi chiedo quante cose gialle in quei cinque secondi avete visto intorno a voi, sicuramente la risposta sarebbe pochi o nessun oggetto.

Questo succede perché la vostra attenzione si è focalizzata in maniera selettiva su quello che ho chiesto; è come se il campo d'azione si restringesse e selezionasse solo le cose che in quel momento c'interessano. Questo processo viene messo in azione, con forza e rigidità, anche per cose molto più importanti dell'individuare un colore intorno a noi.

Pensiamo a tutte quelle persone che soffrono di attacchi di panico o di depressione, che passano tutto il giorno a controllare e seguire in maniera maniacale e altamente controllante ogni infinitesimale andamento di singole cellule del corpo. Ci rendiamo conto di quale dispendio di energia, di come questi comportamenti e stati d'animo rinforzino dei circuiti neuronali disfunzionali, abbassando la qualità di vita della persona?

Capiamo bene che diventa di estrema importanza innalzare la qualità della vita, educarci a pensare, sentire ed emozionarci tutelandoci da contesti e persone. Dovete immaginare il lavoro che si fa sui processi mentali come un vero e proprio training; se vogliamo ridurre il concetto all'essenziale, *in parte* di questo si parla.

SEGRETO n. 5: dobbiamo imparare a riconoscere i nostri processi mentali disfunzionali (come la generalizzazione, la distorsione, la cancellazione e un'attenzione focalizzata in negativo) per poi imparare a educarli, arginando i contenuti negativi e sostituendoli con altri più sani e positivi.

Si parte dalla presa di coscienza, si passa per rielaborazione, metabolizzazione e rimodulazione di contenuti psichici, per arrivare all'apprendimento di nuovi processi strutturali mentali. Perché tutto questo avvenga, è fondamentale che ci siano altri ingredienti segreti dei processi mentali a interagire, oltre quelli esposti, altrettanto importanti.

Focalizzare gli obiettivi
Il primo step è creare il giusto focus. Ci sono molti clienti che quando vengono in studio potrebbero scrivere trattati interi sui loro sintomi e malesseri interiori (attenzione focalizzata in

negativo e generalizzazione). Quando poi chiedo loro su cosa vorrebbero migliorare della loro vita, è come se perdessero quella fluente capacità oratoria che dimostravano di avere fino a due secondi prima e, timidamente, danno risposte telegrafiche, se non inesistenti. Quindi, prima di poter operare sui processi di cambiamento mentale, è fondamentale capire e focalizzare gli obiettivi che si vogliono raggiungere.

L'esame di realtà
Questo è un punto altrettanto importante. Lavorare sugli obiettivi non è come nelle favole, dove si prende la bacchetta magica, si esprime un desiderio e, come per magia, si ottengono risultati. È importante focalizzare e creare degli scopi possibili da perseguire, rispettando i tempi di maturazione psichica. Se arriva in studio un obeso e mi dice: "Dottoressa, voglio dimagrire di cento chili in un mese!", capite bene da soli che non è possibile, ma anzi, molto pericoloso, sia per la salute fisica che psichica. Per un grave obeso, lo strato lipidico rappresenta una corazza intorno alla sua anima, con la quale si protegge dal mondo esterno.

Ora capiamo quanto è importante formulare i pensieri che

guidano un mutamento. Lo scenario cambia se un obeso viene a chiedermi aiuto e insieme progettiamo e strutturiamo un reale percorso di trasformazione. Esempio: "L'obiettivo finale è dimagrire cento chili, rispettando i propri tempi fisiologici e psichici". Ovviamente, per quanto riguarda la parte della dieta, deve essere seguito da una persona specializzata, dopodiché io lavorerò su tutti gli aspetti di contenuto e sui processi psichici che impediscono alla persona di raggiungere il cambiamento che desidera.

Rispettare i nostri tempi
Dall'esempio sopra esposto capiamo bene l'importanza dei propri tempi interni di maturazione. Infatti una volta che una persona è decisa, convinta e pronta al cambiamento, è solo una questione di tempo, il proprio tempo!

Sconfitte momentanee
Apro una parentesi rispetto a questa tematica per incoraggiarvi a non mollare nei delicati momenti di difficoltà o sconfitte che chiameremo momentanee. In ogni processo di messa in discussione e cambiamento si intraprendono tortuose strade

parallele alla nostra via principale, quindi le più difficili, perché piene di tornanti e importanti tratti in salita dove possiamo inciampare e a volte cadere.

Rialzarci e continuare a camminare a testa alta diventa un nostro dovere nei confronti della meta da raggiungere. Proprio quelle strade tortuose, che ci fanno sperimentare la sconfitta momentanea della caduta, sono anche le strade più vere e veloci, che ci permettono di arrivare all'obiettivo finale nel tempo più breve.

Facendo riferimento alla mia esperienza clinica, ho incontrato molte persone che lottano per essere amate dai loro compagni; sono così concentrate nel raggiungere una delle gratificazioni più preziose di questa vita da non rendersi conto che forse la persona che hanno accanto non è quella giusta, e che la sconfitta più grande che possono vivere in quel momento, la fine del loro rapporto, in realtà non è altro che la strada più veloce per raggiungere il loro sogno. Infatti solo così hanno la possibilità di poter trovare una persona veramente giusta, che li ami in maniera sana e vera.

Essere presenti a noi stessi

Qualsiasi cosa accada nel percorso di crescita evolutiva per il raggiungimento dei nostri obiettivi, è fondamentale rimanere presenti a noi stessi. Quando decidiamo di metterci in discussione apportando trasformazione evoluta in noi non significa diventare qualcosa di diverso da quello che siamo, piuttosto significa avere maggior consapevolezza e lucidità. Questo permette un distacco da quello che crediamo o che gli altri credono che noi siamo, per entrare a contatto con la natura autentica di come realmente vogliamo essere. Poter esistere per come ci sentiamo, crediamo e vogliamo nel nostro intimo, ascoltando e dando fiducia e sostegno alle nostre potenzialità assopite: tutto questo richiede una costante presenza verso noi stessi, sia psichica che fisica.

Ci sono molte tecniche che aiutano a educarci nel mantenere presenza, ricordiamo la meditazione o l'attenzione da porre a quello che facciamo, soprattutto nelle azioni più scontate della nostra quotidianità, come vestirci o lavarci: non dobbiamo lasciare che accadano in maniera meccanica, accompagnare anche mentalmente degli automatismi ci aiuta ad allenarci a essere presenti a noi stessi.

C'è una tendenza a perdersi, quando invece è importante impadronirsi del proprio Io, ridandogli coscienza e ordine. Imparare a stare con un Io centrato che ci faccia gestire al meglio le emozioni e nello specifico, vissuti di ansia e rabbia.

Delle tante tecniche apprese nei miei percorsi di studio per educarmi a mantenere presenza, ce n'è una che uso spesso e che voglio condividere con voi, non solo citandola, ma esperendola insieme.

Vi chiedo di mettervi comodamente seduti con i piedi ben appoggiati al pavimento, di chiudere gli occhi per qualche secondo e di focalizzarvi sul vostro corpo. Ora immedesimatevi in una vostra giornata tipo. Voglio che iniziate a pensare a come abitualmente vi distraete durante le cose che fate nella quotidianità delle vostre giornate. Poi iniziate a concentrarvi sull'estremità del vostro corpo, come ad esempio, braccia, piedi e mani (destra e sinistra). Cercate di sentire quale di queste parti percepite con più forza. Proprio questo punto del corpo ha lo scopo di riportare il focus su di voi ogni volta che ne sentirete il bisogno, per riacquistare padronanza e presenza di voi stessi.

Intenzione e motivazione

Ovviamente avere ben chiari gli obiettivi è importante, ma non sufficiente. Come già detto, il solo pensare in maniera meccanica è un'azione verso l'autodistruzione. Di fondamentale importanza non è solo capire, ma anche sentire le cose in maniera viscerale, averle chiare in mente con una forte carica intenzionale nel pensarle e farle, accompagnandole con una profonda motivazione. Tutto questo ci permette di vivere dei piccoli miracoli intorno e dentro di noi, anche se sappiamo benissimo che non si tratta di miracoli.

Emozioni

Potrei parlare per ore e ore intere delle emozioni, ma cercherò con discrezione di trattenermi e modularmi in maniera chiara. Le emozioni per me sono come l'ossigeno: vitali! L'origine di tutto quello che siamo, sentiamo e pensiamo. Ci fanno star male o in estasi: pensiamo all'amore, per eccellenza l'emozione universale più gratificante.

Ogni azione o comportamento che mettiamo in atto, anche se noi non ce ne rendiamo conto perché si parla di infinitesimi di secondi, primo lo pensiamo, e ancora prima ne creiamo un'immagine, che è sempre accompagnata da un'emozione. Ad esempio: se un cane ci ringhia, il nostro comportamento istintuale di protezione ci fa scappare via, perché il pensiero che invade la nostra mente è che il cane ci potrebbe mordere. Creiamo così immagini molto brutte, che sono accompagnate da emozioni di paura e angoscia. Vedete come l'attivazione dei processi neuronali che ci portano all'atto finale dello scappare, in realtà siano una catena di processi che hanno inizio con uno stato emotivo molto intenso.

Ora vi sarà più chiaro che se l'intenzione e la motivazione sono accompagnate da forti e adeguate cariche emotive, la strada verso il raggiungimento del traguardo diventa più scorrevole e appetibile. Ovviamente, come tutte le cose, se vissute in maniera distorta diventano un boomerang che, ritornando indietro, ti colpisce dritto in faccia.

Nel caso delle emozioni patologiche (ansia, angoscia, paura…), esse non si annidano solo nella costruzione di immagini, pensieri e comportamenti finali errati. Se la mente non riesce più a gestirle, le emozioni traslano sul corpo colpendo in primis i nostri muscoli. Il risultato finale causerà, con molta probabilità, tensioni muscolari a volte anche croniche, che potrebbero generare conseguenze ancor più gravi alterando il funzionamento di organi e cellule.

Imparare a riconoscere, sentire e vivere le emozioni in maniera sana ci aiuta a creare dei veri e propri corti circuiti in quanto, se vissute con forti cariche energetiche, accedono diritte all'Inconscio e danno la possibilità di impiantare nuove idee, desideri, ma ovviamente anche paure e ansie. Dobbiamo essere consapevoli di come le emozioni lavorano nel bene e nel male dentro di noi; saperle gestire, modulare e educare a nostro favore è di fondamentale importanza per una buona qualità della vita. Questo rappresenta il quoziente emotivo, la nostra capacità di sentire, non meno importante del quoziente intellettivo, la nostra capacità di pensare. Il tutto permette di vivere al meglio questa vita.

Impariamo a dare ascolto a tutte le cose, dentro e fuori di noi, che ci emozionano e ci fanno star bene. Pensiamo ai benefici che corpo e psiche ricevono dall'ascolto di una canzone che ci rievoca sensazioni piacevoli. E ancora, per chi si emoziona ballando, guardando un film, dipingendo, cantando, recitando... se osserviamo attentamente, è bello notare come ogni singolo movimento del corpo, della mano o della voce possa sciogliere tensioni muscolari disfunzionali e avere un grande valore terapeutico.

Cercate con amore e curiosità di capire, vedere, udire e sentire, con i sensi che prediligete, cosa vi emoziona in questa vita. Proprio queste emozioni possono aiutare a vivere meglio e con più pienezza.

Le emozioni viscerali, cariche di energia ancestrale, importanti per innalzare il livello d'energia vitale interiore, sono fondamentali per raggiungere i nostri cambiamenti e i nostri obiettivi. Di questo parlerò al prossimo punto.

Adeguati livelli di energia interiore
I passaggi sopra elencati sono attuabili solo se si ha un giusto livello di energia vitale interiore, altrimenti tutte le buone

intenzioni sono vane. Pensiamo a un individuo depresso che non ha nemmeno la forza d'alzarsi dal letto, figuriamoci se trova l'energia per poter lavorare quotidianamente su forti intenzioni, con profonda motivazione e importanti cariche emotive che diano la giusta spinta alla realizzazione finale del tutto.

Capiamo che non è possibile! Allora cosa possiamo fare in queste situazioni? Inizialmente lavorare sulla giusta motivazione emotiva e trasformarla in grinta intenzionale è già un obiettivo importante, ma lo è ancor di più trovare il proprio canale sensoriale, psichico o fisico preferito, con cui si può innalzare il livello d'energia.

Nelle cure classiche, nel caso in cui abbiamo a che fare con un disturbo dell'umore molto grave, spesso ci si appoggia alla somministrazione di antidepressivi; vi accenno a questa possibilità senza approfondirla in quanto ricorrere al farmaco, anche se in alcune situazioni estreme è doveroso, è pur sempre un delegare il nostro benessere a sostanze chimiche, mentre il mio intento è di farvi capire, ma soprattutto sperimentare, l'importanza di una reale, sincera e profonda presa in carico e cura di noi stessi, che passa attraverso l'attivazione delle nostre infinite e preziose potenzialità interne.

Ritornando al tema centrale, quindi come lavorare a livello energetico con noi stessi, possiamo citare altre soluzioni come ad esempio tecniche di magnetismo, di cui una delle funzioni è quella di ripulirci da energie negative che ci appesantiscono, ridonandoci energia vitale. Gli sciamani conoscevano perfettamente l'importanza del giusto livello d'energia interiore per la riuscita delle iniziative. Basta leggere alcuni libri di Carlos Castaneda, come *L'arte di sognare*, per capire il ruolo centrale che si dava alla questione.

Pensiamo anche alla bioenergetica, al reiki, all'agopuntura e la medicina indiana... Tutte tecniche che lavorano sui blocchi energetici, con lo scopo di riattivarne i flussi.
In questo libro mi soffermerò a parlare del mio metodo personale e delle mie strategie sperimentate e messe in atto in maniera costante tutti i giorni, potenziandole e rinforzandole soprattutto nei momenti più difficili, sia da un punto di vista psichico che fisico.

Mente e corpo vanno pensati come una cosa unica e circolare nella loro dinamicità. Non scindendo le due dimensioni, capiamo bene che lavorare sui livelli d'energia può essere fatto attraverso uno stile di vita psicofisico completo, dove s'integrano in armonia le suddette aree.

Poter pensare e trattare il corpo con i guanti bianchi è un dono meraviglioso che possiamo fare a noi stessi ogni giorno, ad esempio riposare le giuste ore, ricordando però che a volte è più importante la qualità che la quantità. Quando siete sereni e appagati, anche se non riuscite a dormire quelle sette ore ma bensì sei di ottima qualità, saranno sufficienti per il vostro benessere. Inoltre è importante dedicare dei momenti a noi stessi, come un buon tè e la lettura di un libro o un bel bagno caldo rigenerante prima di andare a dormire. Questo significa rispettarci e pensarci con amore, vi assicuro che non è una cosa da poco, né scontata.

Le mie parole hanno l'intento di ridonare significato e visibilità a tutta una serie di comportamenti che conosciamo, ma che dimentichiamo o che trascuriamo di mettere in atto con costanza e giusta motivazione. Anche mangiare cibi sani e leggeri che il corpo non percepisce come veleno è fondamentale, ma è altrettanto vero che poter mangiare una bella frittura o un pezzo di torta fatta con amore ogni tanto non potrà farci altro che bene. Le cose, e in questo caso il cibo, se assunte con moderazione e fatte con forte intenzione d'amore, sono vissute come esperienza positiva, sia dal corpo che dalla mente.

Idratare il nostro corpo con molta acqua è altrettanto importante, vi ricordo che siamo fatti per la maggior parte di liquidi. Altra cosa fondamentale per il libero fluire energetico in noi è fare movimento, ovviamente ognuno di voi sa cosa preferisce: c'è chi adora correre o camminare, chi danzare e così via.
Voglio comunque parlarvi di un esercizio nello specifico che può aiutare molto a percepire i muscoli e le vostre forze, anche in termini di energia. Mi riferisco alla contrazione e alla decontrazione dei muscoli, pratica molto usata anche dagli sportivi. È semplicissima da eseguire, ve la spiegherò brevemente.

Prima di tutto apriamo una parentesi molto importante sul tema del saper *respirare* bene. La maggior parte di noi lo fa in maniera meccanica, senza dare importanza a come questa azione fisiologica avvenga. Apprendiamo la respirazione in maniera istintuale e automatica fin dalla nascita. Nonostante ciò, ci sono molti modi di respirare; possiamo dedurre che si possono apprendere respirazioni errate.

Se osserviamo persone che si sentono provvisorie in questa vita, con correlati tratti d'ansia importanti, noteremo subito come la loro respirazione sembri spezzarsi e bloccarsi allo sterno: è come se s'interrompesse a metà. Conosco un esercizio che può aiutare a praticare una respirazione migliore, più profonda e corretta. Così il nostro organismo e i neuroni assopiti possono incamerare più ossigeno, innalzando i livelli di energia.

Vi chiedo di prendervi qualche minuto e di chiudere gli occhi.
Iniziate a inspirare con il naso, immaginando che l'aria introdotta nelle vostre narici sia un fascio di luce chiara (ognuno di voi può scegliere il colore preferito, che doni tranquillità), che percorre il corpo fino allo stomaco, che come un palloncino inizia a gonfiarsi (a chi ha difficoltà a far gonfiare la pancia, consiglio di mettere le mani sopra di essa, con lo scopo di riattivare attraverso il tatto la

parte del cervello deputata a questo punto).

Prendete l'abitudine di praticare questa respirazione più volte al giorno, fino a quando le nuove connessioni neuronali e funzionali a questa corretta respirazione, si saranno formate in maniera stabile, in modo da sostituire quelle vecchie e rendere automatica la nuova modalità. Vedrete che da una corretta respirazione trarrete molti benefici.

Ritorniamo all'esercizio della contrazione e decontrazione dei muscoli che avevamo lasciato in sospeso. Vi invito ad assumere una postura eretta, a fare tre bei respiri profondi, a inspirare con il naso ed espirare con la bocca aperta, emettendo un sibilo (aiuta molto a scaricare tensioni corporee); dopo di che, con tutta la forza che avete, formate dei pugni con le mani allargando le braccia a novanta gradi e sollevandovi sulla punta dei piedi.

Se non avete equilibrio, sempre rimanendo sulla parte anteriore dei piedi, accovacciatevi su voi stessi con la testa verso il basso e contemporaneamente, per almeno cinque secondi, rimanete in apnea incordando ogni muscolo del vostro corpo, fino al punto di iniziare a tremare per la forza e la tensione che ci mettete. Successivamente rilassateli, riassumendo una naturale postura eretta.

Fate questo esercizio per almeno tre volte consecutive, in tutti quei momenti in cui vi sentite scarichi, stressati e stanchi, o semplicemente per iniziare la giornata con la giusta energia. Vedrete quanti benefici otterrete! È come se il corpo tornasse a vivere con grinta, mentre l'energia vitale inizia a fluire con più armonia, con tutti i suoi benefici. Per avere un risultato maggiore, è importante concludere con un leggero stretching, che aiuta a sciogliere le tensioni muscolari, spesso causate da blocchi emotivi, le quali rappresentano uno dei blocchi del fluire d'energia.

Altro aspetto importante del quale ho parlato abbondantemente in precedenza è difenderci, tutelarci e ancor meglio allontanare da noi luoghi e persone negative, i così detti vampiri energetici.

Se vi capita di fare l'anamnesi di una persona sofferente, potreste notare come la sua vita sia immersa in situazioni e rapporti relazionali dai quali viene prosciugata. Certo, ora i buddisti e gli psicologi come me potrebbero dire: "Il tuo mondo esterno non è altro che un riflesso di quello che è il tuo mondo interno", e io approvo in pieno questo pensiero, ma credo anche che la vita sia un po' come il gioco "specchio riflesso", o porsi continuamente domande come: "È nato prima l'uovo o la gallina?".

Poco importa, quello che sappiamo è che spostando o modificando una pedina dentro e fuori di noi, tutto il sistema intorno avrà come per riflesso un cambiamento. È su questo principio che mi baso. Non ha importanza su quali processi e strutture iniziamo a lavorare, sia dentro o fuori di noi, sul corpo o sulla mente. Si può iniziare a operare in base al canale preferenziale che il paziente lascia intuire, su cui in quel momento ha meno difficoltà a mettersi in discussione. Ci si può trovare a lavorare con persone più fisiche e pratiche, come d'altro canto con persone più psichiche e sensoriali. Quello che dobbiamo fare è soprattutto capire e agganciarci al canale che la persona in questione ci "offre", e gradualmente direzionarci verso un'armoniosa integrazione del tutto.

Una costante ripetizione

Non dimentichiamo che tutto quello che siamo oggi lo abbiamo appreso e rinforzato nel tempo attraverso la vita. Solo vivendo nuove esperienze sane e positive possiamo apportare profondi cambiamenti, come sono profondi i solchi neuronali dei nostri circuiti acquisiti. Perché il tutto avvenga nel migliore dei modi, oltre a esserci un chiaro obiettivo e una giusta intenzione, una buona motivazione e un adeguato livello d'energia interiore, l'ingrediente finale per amalgamare il tutto è una costante *ripetizione* di pensieri, comportamenti e tecniche che ci aiutano a innestare in noi il nostro nuovo modo di pensare, vedere, sentire e vivere più sane modalità.

Vuoto mentale

Quando iniziamo a lavorare, come in questo caso, a specifiche tecniche che fanno accedere a un profondo rilassamento, è fondamentale poter creare in primis un vuoto mentale. Ci doniamo così la possibilità di partire da un terreno psicofisico neutro e pulito che interrompe il flusso di immagini, sensazioni e pensieri rigidi che rinforzano e condizionano i circuiti neuronali appresi, per fare spazio a un *vuoto fertile, seme del nuovo*.

Raggiungendo questa dimensione, si dà la possibilità ai nostri processi psichici più profondi di poter emergere e fluire a un livello conscio, attraverso diverse modalità come segni, immagini e quant'altro, da interpretare e alle quali dare significato. Il vuoto mentale, ad esempio, si può sperimentare attraverso la respirazione spiegata sopra e fissando una luce calda a uno o due metri di distanza, per poi proseguire con un'induzione al rilassamento.

Induzione al rilassamento
Nella mia pratica clinica, dopo aver portato la persona a un vuoto mentale, la induco a uno stato di profondo rilassamento: il corpo è completamente rilassato e la mente libera da pensieri. Entriamo in uno stato di amplificazione dei sensi e dei potenziali mentali, che si manifestano attraverso uno spiccato intuito, creatività e flessibilità, verso la risoluzione dei problemi. Un vero e proprio stato di apprendimento verso un livello di consapevolezza evoluta.

Un'adeguata capacità di affidarsi e lasciarsi andare al rilassamento è come un fascio di luce che ci conduce direttamente alle preziose risorse interiori che altrimenti rimarrebbero nell'ombra della nostra coscienza, con il drammatico risultato di una stasi al cambiamento.

Dunque, lo stato di profondo rilassamento permette la rimodulazione di processi neuronali disfunzionali, verso nuove e migliori configurazioni.

SEGRETO n. 6: perché si possa raggiungere un vero cambiamento dei processi mentali, è importante avere chiaro il lavoro che dobbiamo effettuare, focalizzandoci sui punti cardine per la riuscita. È fondamentale concentrarci con chiarezza sugli obiettivi da raggiungere, nel rispetto dei propri tempi psichici, mettendo in previsione la possibilità di sconfitte momentanee, considerandole comunque le strade più brevi che la psiche è riuscita a trovare per raggiungere i nostri obiettivi, mantenendo sempre una buona presenza su noi stessi. Il tutto senza mai perdere la giusta grinta emotiva, un'intenzione determinata e una profonda motivazione. Ingredienti fondamentali, insieme a un'alta qualità di vita psicofisica da condurre, per ottenere e mantenere elevati i nostri livelli di energia interiore, essenziali per determinare

giorno dopo giorno, con costanza, la creazione di nuovi circuiti mentali allo scopo di dare vita ai nostri "Sogni Reali", il nostro "vero Sé". Il tutto attraverso tecniche di rilassamento che creano il vuoto, seme del nuovo.

Concludo questo capitolo invitandovi a leggerlo più e più volte, fino a quando non avrete la sensazione che tutti i temi affrontati, oltre a essere stati memorizzati, siano interiorizzati con profonda consapevolezza.
A quel punto sarete pronti per iniziare la parte esperienziale.

Detto questo non mi resta che augurarvi buon viaggio all'interno dei mondi invisibili ma esistenti, i Sogni Reali, che sono le parti più vere e vive del Sé e che non aspettano altro di essere viste, per poi trovare la giusta strada neuronale per esistere!

Prima di passare all'esperienza pratica vorrei lasciarvi con una frase che ho sentito molto "mia" dal momento in cui ho deciso di iniziare questa avventura tra ricerca ed esperienza di crescita interiore.
Il pensiero viene dal libro *Il Tao della fisica* di Fritjof Capra:

"Ogni volta che estendiamo il campo della nostra esperienza, i limiti della nostra mente razionale diventano evidenti e siamo costretti a modificare o persino ad abbandonare alcuni dei nostri concetti...".

Prendetevi qualche minuto per focalizzare i vostri obiettivi e scriverli.

È importante ricordare che, se non si hanno chiari gli obiettivi o non si lavora per il loro raggiungimento con un buon mix d'ingredienti di cui vi ho parlato già abbondantemente, la riuscita del percorso di trasformazione evolutiva interiore sarà limitata o nulla.

Per chi non riesce a focalizzare degli obiettivi chiari, non c'è da preoccuparsi: un obiettivo potrebbe essere proprio quello di riuscire a capire cosa ci fa star male e quindi dov'è che dobbiamo lavorare per essere più sereni e felici.

RIEPILOGO DEL CAPITOLO 7:

- SEGRETO n. 1: i contenuti psichici sono tutta la nostra storia di vita, a partire dai nostri antenati, il "transgenerazionale", con tutte le sue componenti emotive, di valori, credenze, miti, scheletri nell'armadio, più o meno risolti, che s'incastrano e si integrano con la nostra trama di vita, in tutta la sua complessità comportamentale, relazionale ed emotiva.
- SEGRETO n. 2: le nostre istanze mentali, Inconscio e Super-Io, sono modulate dall'Io, il quale cerca di mediare, con i nostri meccanismi di difesa mentale, nella maniera più economica possibile in termini psichici.
- SEGRETO n. 3: quando le nostre rappresentazioni interne si basano su credenze limitanti, valori e regole rigide e castranti, generano storie di vita disfunzionali che ci allontanano, impedendo al nostro vero Sé di essere nella sua armoniosa pienezza.
- SEGRETO n. 4: prima consapevolizzare e metabolizzare la nostra vita laddove ce ne sia bisogno, poi passare all'azione reale che ci porta verso il cambiamento desiderato, rieducando e riprogrammando tutti quei processi mentali che hanno acquisito nel tempo meccanismi malsani.

- SEGRETO n. 5: dobbiamo imparare a riconoscere i nostri processi mentali disfunzionali (come la generalizzazione, la distorsione, la cancellazione e un'attenzione focalizzata in negativo) per poi imparare a educarli, arginando i contenuti negativi e sostituendoli con altri più sani e positivi.
- SEGRETO n. 6: perché si possa raggiungere un vero cambiamento dei processi mentali, è importante avere chiaro il lavoro che dobbiamo effettuare, focalizzandoci sui punti cardine per la riuscita. È fondamentale concentrarci con chiarezza sugli obiettivi da raggiungere, nel rispetto dei propri tempi psichici, mettendo in previsione la possibilità di sconfitte momentanee, considerandole comunque le strade più brevi che la psiche è riuscita a trovare per raggiungere i nostri obiettivi, mantenendo sempre una buona presenza su noi stessi. Il tutto senza mai perdere la giusta grinta emotiva, un'intenzione determinata e una profonda motivazione. Ingredienti fondamentali, insieme a un'alta qualità di vita psicofisica da condurre, per ottenere e mantenere elevati i nostri livelli di energia interiore, essenziali per determinare giorno dopo giorno, con costanza, la creazione di nuovi circuiti mentali allo scopo di dare vita ai nostri "Sogni Reali",

il nostro "vero Sé". Il tutto attraverso tecniche di rilassamento che creano il vuoto, seme del nuovo.

Capitolo 8:
L'induzione meditativa ipnotica

"C'è solo una cosa che tu possa fare" ribatté. "Vedere il punto di unione! Non è poi così difficile vedere! La difficoltà sta tutta nell'infrangere il muro di sbarramento che tutti abbiamo nella mente e che ci tiene al nostro posto. Per infrangerlo, occorre l'energia. Una volta che si ha l'energia, il vedere accade da sé. Il trucco sta nell'abbandonare la nostra roccaforte di autocompiacimento e falsa sicurezza."

"Don Juan, secondo me è ovvio che ci vuole una profonda conoscenza per vedere. Non è solo questione di energia."

"È solo questione di energia, credi a me. La parte più difficile è convincere te stesso che si può fare. Per questo, tu devi aver fiducia nel Nagual. Il bello della stregoneria è che ogni stregone deve provare tutto attraverso la sua esperienza personale, io ti parlo dei principi della stregoneria non con la speranza che tu li memorizzi, ma che li metta in pratica".

Carlos Castaneda, *L'arte di sognare*

Vi chiedo di prendervi qualche minuto per innalzare al massimo i vostri livelli d'energia con la tecnica della contrazione e decontrazione muscolare sopra esposta.

Raggiunti buoni flussi energetici interiori, è importante che vi focalizziate con forte intenzione e motivazione sugli obiettivi ai quali volete lavorare.

Nelle prossime righe troverete la tecnica scritta. Leggetela! Ma quello che poi vi consiglio è di lasciarvi guidare dall'esperienza. *In fondo troverete un link al quale potete accedere ad un'audio-registrazione della stessa.* È fondamentale che voi seguiate e vi affidiate, in serena e armoniosa fiducia, a ogni singola parola detta all'interno della traccia audio. Questo vi permetterà di estrapolare con più intuito e creatività i vostri personali messaggi guida e, nel tempo, con costante e motivata ripetizione, modularvi ed evolvervi verso il raggiungimento dei vostri obiettivi, in maniera più arricchente, vera e piena. Essere come volete essere, ascoltando il vostro Sé!

Esperienza:
Posizionati di fronte ad una luce calda.
Mettiti comodamente seduto, con la schiena ben appoggiata, lasciando le gambe leggermente distanziate e le mani adagiate sopra; i piedi disposti paralleli al pavimento.

Guarda fisso la luce posizionata di fronte a te, per circa trenta secondi. Cerca di non sbattere le palpebre o farlo il meno possibile. Quando senti i tuoi occhi bruciare o stanchi e appesantiti, lasciali chiudere serenamente; alla loro chiusura il corpo scende in uno stato di rilassamento. Puoi percepire il respiro più profondo, il corpo appoggiato alla sedia sempre più pesante, i tuoi muscoli si rilassano uno ad uno.

Senti come ogni singolo muscolo del volto scioglie tensioni e si distende, lo stesso succede al collo, le spalle sono sempre più rilassate, il torace e la pancia si muovono più leggeri al ritmo regolare del respiro; anche i muscoli di ogni singolo organo interno si distendono sempre di più, fino ad arrivare a quelli delle braccia, del bacino e delle gambe. Tutto è più pesante, tutto è completamente e profondamente rilassato, i tuoi occhi sono ben chiusi ed il battito del cuore più regolare. Ascolta e nutriti di queste sensazioni di benessere rigenerante.

Ora fai delle inspirazioni di cinque secondi con il naso, trattieni il respiro per tre secondi ed espira con la bocca aperta in cinque secondi, emettendo un sibilo.

Ripeti più volte ed ogni volta il corpo, progressivamente, sarà sempre più profondamente disteso e sereno. Potrai percepirlo sentendolo completamente abbandonato alla tua base d'appoggio e pesante, il respiro che diventa più lento, il battito cardiaco che si regolarizza ed i muscoli del volto e del corpo che, gradualmente, si rilassano.

All'altezza del terzo occhio, inizi a focalizzare una palla carica di calda energia luminosa, che si espande in ogni punto del cranio fino a svuotarlo di tensioni e pensieri nocivi: è una luce che purifica. Ora il corpo è perfettamente rilassato e la mente completamente sgombra da pensieri distruttivi o negativi, lasciando un amorevole spazio al "nuovo risolutivo" nella sua flessibile e leggiadra creatività.

Con i tuoi tempi, fai scivolare la luce in tutto il corpo e senti come al suo passaggio essa lavora su specifici punti di tensione, sciogliendoli, ripulendo il corpo da tossine, ripristinando il corretto funzionamento di ogni singola cellula, mentre la luce madre, che ha sede all'interno del terzo occhio, inizia a creare pensieri più sani, leggeri e flessibili.

Tutto questo avviene grazie alla capacità di saper cogliere intuitivamente l'Atto Creativo, una componente insita nell'essere umano. Già dai primi momenti di vita, essa si sviluppa in maniera esponenziale in noi. Ora sai che potrai rituffarti nel punto nevralgico di questa energia ancestrale.

Sei completamente libero mentalmente e rilassato fisicamente; ora puoi tuffarti in un tempo ed in un luogo che ti farà immergere nell'energia creativa madre, come avviene grazie all'Intuito Creativo. Centro che irradia energia in ogni fibra, muscolo, nervo e tessuto, di pace e benessere mai provato prima, che cresce e si sviluppa sempre di più.

L'Intuito Creativo ti sta accogliendo grazie al suo dolce sguardo, accompagnato da parole che accarezzano tutte le tue risorse creative, donando loro la stessa energia che avevano quando eri bambino. *Tutto può essere nella sua semplicità semplice, semplicemente essere.* Ora sei circondato da energia curativa ancestrale, allo scopo di rendere flessibile e creativa la mente con i suoi pensieri ed il corpo con le sue movenze. Ora puoi rendere *visibile l'invisibile esistente* in te!

Stai imparando ad approfondire il tuo stato mentale in un luogo dove tutte le tensioni si sciolgono progressivamente, entrando in un stato di benessere e rilassamento armonioso.

Ora conterò all'indietro a partire da cinque, per raggiungere uno stato psicofisico di distensione e rilassamento di sempre maggior profondità.

Cinque: seguirai con ancor più attenzione il suono della mia voce, il resto non ha importanza.
Quattro: il corpo è sempre più rilassato ed i pensieri si allontanano, lasciando alle spalle tutto ciò che non serve.
Tre: sei sempre più in uno stato di profondo rilassamento, sempre più in profondità.
Due: La tua mente inconscia ha la capacità di trovare dentro di te quel luogo ancestrale di energia pura, benessere e rilassamento.
Uno: Sei in quel luogo!

Ascolta bene i rumori, senti bene i profumi, guarda bene i colori, nutriti del calore che ti dona questo profondo stato mentale, dove tutto è conosciuto. Ogni pesantezza psichica e fisica non c'è più, è rimasta fuori, perché in questo luogo ancestrale di energia pura, non si fa entrare alcuna negatività. Tutto è positivo, leggero, semplice, tutto ha la possibilità di essere formulato e pensato con forti cariche risolutive. I colori sono più accesi, i suoni più armoniosi, il vento ti fa percepire il corpo, il sole ti riscalda e la tua attenzione focalizza il tutto e ne trae nutrimento.

La mente è sempre più libera ed il corpo sempre più leggero; sei sorretto da *filamenti d'energia* che attraversano ogni luogo, in ogni dove. La tua luce interna è proprio uno dei tanti filamenti, attraversa il corpo e scioglie tensioni, modella, disegna per come vuoi essere e pensarti veramente.

Come un'artista inizi ad essere come vuoi, solo pensieri positivi, costruttivi e creativi circolano in questo luogo di energia ancestrale, tutto il resto non c'è. Così puoi iniziare a disegnare le *linee del tuo volere e del tuo sentire* in sinergia con te stesso, perché ora puoi *essere nella tua semplicità, semplicemente essere* e come un pittore disegnare le linee corporee e dei pensieri del tuo volere, sentire, in sinergia con l'essere, perché ora puoi essere. *Tu puoi, nella tua semplicità, semplicemente essere grandioso!* E' nel vedere le cose in maniera più semplice e meno rigida, donando ad esse creatività risolutiva, che si evolve verso un una crescita equilibrata.

Ora stai sperimentando un nuovo modo di vedere, pensare e vivere la vita. Ora riesci a vedere, sentire e percepire i tuoi *sottili mondi invisibili evoluti esistenti*. Nutriti di tutto questo. Ti lascio qualche minuto, *per permettere alla tua mente ed ai tuoi sensi di iniziare a ridisegnarti, ricrearti, rimodularti per come tu realmente vuoi essere, sentirti e vederti.*

Il corpo è sempre più rilassato, la mente focalizzata a pensare sè stessa e sentire *l'esperienza di ricostruzione evolutiva interiore*. Il respiro è profondo, le labbra accennano un sorriso di benessere e appagamento, il vento soffia, il sole riscalda e affina l'intuito, la creatività risolutiva s'amplifica dando spazio al nuovo che rigenera e cura. Come un bambino, ti sorprendi dei tanti modi in cui puoi "essere".
Si è tutti artisti della propria vita, perché tu sei nato creativo, la curiosità e l'esplorazione verso il nuovo ti fa sentire vivo. Ora sei capace di una creativa flessibilità, nel vedere il meglio per la tua

vita... *L'intuito creativo è tutto questo*, rende *visibile l'invisibile esistente*!

Appagato dall'esperienza di benessere curativo, prenditi un minuto per focalizzare le tue "linee forza" di lavoro, che hanno modellato in maniera sinergica ed evolutiva i pensieri e la leggerezza del corpo, racchiudendo il tutto in un segno/simbolo, che può essere fatto di suoni, colori, immagini che si fanno liberi di trasformarsi in una energica parola.

Dopo aver visualizzato il tuo segno/simbolo, che sia immagine, suono o colore, al suo interno focalizzerai una parola che racchiude il tuo viaggio evolutivo e positivo, fatto attraverso l'Intuito Creativo. Fissa il tutto nella mente e ripeti. Ti lascio circa dieci secondi.

E' fondamentale che ti concentri sul tuo canale sensoriale preferenziale, come quello immaginativo, uditivo o piuttosto cinestesico, (altrimenti, soprattutto le prime volte, si può rischiare un blocco o difficoltà nell'esperire l'esperienza, a causa della mancanza di una buona sinergia e collaborazione fisiologica).

Questa parola fissala nella mente e percepiscila profondamente con il corpo. Quando senti di viverla come se fosse reale, assaporandone la gioia dei benefici psico-emotivi, fisiologici corporei e di profondo benessere e rilassamento dato dall'esperienza, allora e solo al quel punto stringi il pugno della tua mano destra, con tutta la forza che possiedi.

Più stringi il pugno e più esso rappresenterà la tua "memoria sensoriale" di questo momento, da poter rievocare ogni volta che ne senti il bisogno, attraverso il potere della mente, e essere avvolto da tranquillità, ricordandoti qual è la tua strada da percorrere, attraverso i tuoi personali messaggi guida. Quella è la tua via da percorrere mentalmente, emotivamente, sensorialmente e praticamente, per raggiungere i tuoi obbiettivi e far esistere il tuo vero Sé.

Ora inizierò a contare fino a cinque e piano piano aprirai gli occhi e inizierai a muovere il tuo corpo:

Uno: piano, piano inizi ad uscire da questo stato di profondo rilassamento.

Due: inizi a muovere le mani, aprendole e chiudendole.
Tre: inizi a muovere i piedi e tutto il tuo corpo.
Quattro: i tuoi occhi iniziano ad essere più leggeri.
Cinque: apri gli occhi.

Voglio che guardi la luce per circa dieci secondi e ripeta mentalmente la parola chiave di questa esperienza, visualizzando il simbolo che l'accompagna. Chiudi nuovamente gli occhi, visualizzando intensamente l'immagine e la parola "guida"; contemporaneamente fai il pugno con la mano destra per radicare con più forza e profondità, l'esperienza sensoriale di rigenerazione e ricostruzione evolutiva interiore, *per come tu vuoi essere, per come ti senti realmente.* Ora rilassa il pugno.

Con i tuoi tempi riapri gli occhi. Fissa di nuovo la luce per circa dieci secondi tenendo gli occhi ben aperti e ripeti mentalmente la parola o il segno simbolo guida che hai estrapolato dall'esperienza.
Gli evoluti mondi invisibili esistenti, ti hanno regalato i tuoi personali messaggi guida, Pacchetto Quantico, Energia. Rappresenta la strada da percorrere per esistere per come tu vuoi

essere, al massimo della tua energia, in questo preciso momento della tua vita.

Grazie, per aver partecipato a questa esperienza!

Al termine dovrete scrivere su un pezzo di carta, non più grande di un classico biglietto da visita, il segno/simbolo con la parola che ne avete estrapolato e che racchiude l'esperienza. Questo rappresenta il vostro Pacchetto Quantico, carico di energia evoluta da consapevolizzare, che si enuncia come messaggio-guida estrapolato da ogni personale esperienza: l'Intuito Creativo.

Mantra personale
Un ultimo step, ma non per questo meno importante, come già detto sopra, consiste nello scrivere le informazioni acquisite, il vostro Pacchetto Quantico, su un pezzo di carta, per non dimenticarle nell'oblio delle resistenze al cambiamento. Poi prendetevi qualche minuto per creare una *frase guida*, fatta con i vostri messaggi evoluti estrapolati, fissandola per iscritto. Questo rappresenta il vostro *mantra*.

Ovviamente, nel tempo, l'esperienza dell'Intuito Creativo può donare segnali diversi. I messaggi che la nostra mente superiore – quella dei sottili mondi invisibili, quindi l'Inconscio con i suoi flussi energetici – può darci possono essere diversi. Questo perché noi siamo in continua evoluzione dinamica con noi stessi, e quello di cui abbiamo bisogno oggi non è detto che sia quello di cui avremo bisogno domani. Da qui capiamo che l'esperienza va fatta sempre con un flessibile e armonioso ascolto rivolto verso il nostro Intuito Creativo.

L'ascolto interattivo e costante di noi stessi, mediato dalla tecnica, è importante ripeterlo ogni volta che percepiamo il bisogno di nuovi stimoli o messaggi evoluti, proprio per assecondare la nostra crescita trasformazionale interiore a livelli di consapevolezza superiori.

I mantra personali hanno lo scopo di energizzare e rinforzare ogni giorno attraverso la *ripetizione* il nostro percorso di cambiamento. Ricordiamo che ripetere con forte costanza, intenzione e motivazione energetica, ci permette di innestare con più profondità e sicurezza i comportamenti, anche in termini psico-emotivi. Così le mappe di connessioni mentali costruite avranno un tratto più sicuro e profondo della vita che volete e state costruendo.

Se ad esempio quello che è emerso dalla vostra esperienza è il bisogno di serenità, allora il vostro mantra potrebbe essere: "Io sono sereno, io sono sempre più armoniosamente sereno!".

La frase che scegliete si può pensare intensamente, o per chi preferisce può anche essere detta in maniera decisa e sicura ad alta voce. Ogni pensiero, immagine e parola che diciamo, come ormai abbiamo capito, crea dei determinati flussi energetici, che con la stessa motivazione e determinazione con cui sono stati espressi iniziano a lavorare, sia in termini mentali che fisici, sino ad arrivare alle dimensioni subatomiche.

Ogni singolo pensiero rappresenta l'esplicitazione dei nostri desideri e dei voleri all'universo. Ogni singolo pensiero genera uno specifico cambiamento fisiologico nel corpo. Noi siamo il prodotto di tutti i pensieri che abbiamo creato con intento e sentimento, trasferiti poi nell'insieme di azioni e comportamenti messi in atto fino a oggi. A tale scopo è di fondamentale importanza educare i nostri pensieri al positivo. In questo caso creare un mantra personale con le parole, estrapolato con la tecnica dell'Intuito Creativo, ha una duplice valenza: sensibilizzarsi a un pensiero positivo, attraverso la focalizzazione di parole chiave, con lo scopo di aprire le porte del nostro vero essere e dei nostri obiettivi di vita.

Il tutto dà inizio all'attivazione di nuovi processi mentali che hanno lo scopo di raggiungere gli obiettivi da noi scelti.

Il principio sopra esposto, ovviamente, è valido per qualsiasi parola chiave che venga messa all'interno del mantra, che caratterizza e rende vivo il nostro processo al cambiamento.
Il tutto va fatto rievocando emozioni e livelli d'energia importanti, questo è possibile stringendo il pugno destro che, come ricorderete, ha la funzione di memoria sensoriale all'interno dell'esperienza dell'Intuito Creativo.

Stringendo il pugno avete la possibilità di catapultarvi nel luogo, nelle immagini, nei suoni, negli odori e nelle emozioni che avete scelto durante l'esperienza, un momento di grande benessere del fluire d'energie positive ed energizzanti in voi.

Tutto questo vi permetterà di arrivare alla fine delle strade tortuose e, dall'alto di esse, poter ammirare il meraviglioso scenario che è di fronte a voi. La vostra vera vita. Il vostro vero Sé. I vostri Sogni Reali!

Grazie!

http://www.silviapiconi.com/newsletter/

Fermate per iscritto i vostri messaggi guida "Pacchetti Quantici"

Attraverso l'estrapolazione dei vostri messaggi guida create il vostro mantra

----

Capitolo 9:
Pacchetti Quantici dei nostri messaggi evoluti

Libertà dell'anima

Nei capitoli precedenti mi sono soffermata nel trasmettervi l'importanza del lavoro svolto sia in ambito artistico, riguardo la mia esperienza di ricerca personale, che in ambito più strettamente clinico, quindi il lavoro che svolgo con i miei clienti. Essi arrivano in studio con un profondo bisogno di imparare a conoscersi, e soprattutto di apportare una trasformazione evoluta a tutte quelle parti di sé bloccate in una dimensione di sofferenza e predisposizione al dolore dell'anima.

Il percorso che s'intraprende è proprio quello di dare nuove forme al nostro modo di vivere, affinando l'ascolto di noi stessi, rinforzando e donando dignità di luce propria alle illimitate risorse interne che rappresentano la nostra costellazione mentale, la quale non aspetta altro che di scoprire nuovi pianeti esistenti a cui dare visibilità, anche nella nostra coscienza.

Quindi scopo finale è rendere materia l'immateriale e visibile l'invisibile esistente, sia delle nostre zone-ombra interne che del mondo che ci circonda in termini d'energia. L'estrapolazione finale che emerge da ognuna delle nostre personali esperienze rappresenta il Tutto.

Il segno-simbolo, che diventa poi parola-messaggio guida, rappresenta un vero e proprio Pacchetto Quantico che ha preso forma, in quanto tutto è energia che si attiva e crea possibilità di risultati nell'incontro delle relazioni, dove l'osservatore è parte integrante dell'osservato e non c'è più casualità o determinismo, ma probabilità nell'atto creativo stesso.

Messaggi evoluti estrapolati grazie all'intuito e alla creatività, mediante la connessione dei nostri mondi invisibili, che in maniera più o meno astratta, quindi da interpretare, ci indicano le strade che dobbiamo percorrere per esistere in maggior armonia e serenità con noi stessi.

Non mi resta che augurarvi di entrare in contatto con i vostri flussi d'energia, i vostri preziosi Pacchetti Quantici, guida e luce delle vostre ombre interne, ridonando loro dignità espressiva nell'esistere e prendere vita, in perfetta armonia con il Tutto.

SEGRETO n. 1: un Pacchetto Quantico rappresenta un vero e proprio meta-messaggio guida da decodificare, donandogli consapevolezza evoluta.

RIEPILOGO DEL CAPITOLO 9:

- SEGRETO n. 1: un Pacchetto Quantico rappresenta un vero e proprio meta-messaggio guida da decodificare, donandogli consapevolezza evoluta.

Conclusione

"L'immaginazione dovrebbe essere usata per creare la realtà, non per fuggire da essa."
Colin Wilson

Essere riuscita con costanza e grande intento a creare nuove connessioni neuronali all'interno della mia mappa mentale, al fine di riuscire a unire le mie grandi passioni come psicologia, ipnosi, PNL, tecniche di rilassamento, concetti della fisica meccanica tradotti in Realtà Quantica, arte e movenze corporee. Tutto questo ha rappresentato la mia evoluzione personale nell'osservare, studiare e vivere la vita, la mia vita, con profonda *libertà d'animo*, descritta e simboleggiata chiaramente, almeno per me, nei miei Pacchetti Quantici, racchiusi nel mio lavoro artistico.

Scrivere in maniera semplice temi tanto complessi, per poi concretizzarli e dargli vita sotto forma di segni, simboli, parole, rappresenta il mio mondo interiore, più vero che mai, il mio sentirmi me stessa nella sua leggerezza.

I lavori artistici: "Pacchetti Quantici", maturati i tempi psichici, hanno dato vita a parole.

Un fiume di parole, trasportate dal flusso di pensieri, desideri ed emozioni. Il tutto guidato da un Intuito Creativo che ha dato vita al mio "Sogno Reale", il libro, che proprio in questo momento state terminando di leggere e che spero, soprattutto, possiate vivere, esperendo il suo contenuto.

Un percorso faticoso e lungo, il giusto tempo perché maturasse il tutto in maniera sacra nella mia anima, dove le difficoltà hanno rappresentato i miei bivi decisionali più importanti per arrivare a oggi.

Aver integrato con cautela e cura le mie passioni ha permesso di creare una tecnica che nella sua complessa semplicità attiva le nostre infinite risorse interne invisibili, per accedere alle parti più vere e intime, per poi renderle visibili attraverso messaggi guida da poter decodificare, donando consapevolezza evoluta. Proprio questa consapevolezza ci dà la forza di rompere e trasformare gli schemi di una realtà falsata, andando oltre i confini autoimposti, dove la curiosità ci dona flessibilità, spalancandoci le porte verso l'infinito dei nostri potenziali mentali.

Come diceva Albert Einstein: "Nessun problema può essere risolto dallo stesso livello di coscienza che lo ha creato!".

Questo ci permette di lasciarci andare al flusso della vita, di fiutare le nostre predisposizioni e missioni di vita. Essere ciò che siamo veramente. Essere noi stessi. I nostri "Sogni Reali".
Il tutto è: "Quel che è il divenire... il tuo divenire!".

> "Tu ti comporti come un sovrano assoluto che si accontenta delle informazioni del suo primo ministro senza scendere dal popolo per ascoltare la voce. Rientra in te, nel tuo profondo e impara prima a conoscerti e allora capirai perché ti accade di doverti ammalare; e forse anche potrai evitare di riammalarti..."
> P. Ricoeur, *Della interpretazione. Saggi su Freud*

Io sono pronta a guidarti passo dopo passo, in questo sorprendente percorso interiore del divenire… il tuo divenire…
Tu sei pronto a dare vita consapevole ai tuoi Sogni Reali?
I tuoi Pacchetti Quantici, messaggi guida evoluti ti aspettano!

http://www.silviapiconi.com/newsletter/

Se sei arrivato fin qua e sei interessato, motivato o semplicemente curioso nel voler continuare questo prezioso percorso di scoperta dei sottili mondi invisibili esistenti e scoprire quel che è il divenire… i tuoi Sogni Reali, puoi **richiedere il tuo personale** *Pacchetto Quantico* attraverso la tecnica dell'**Intuito Creativo**, contattandomi:

piconisilvia@yahoo.it

Pagina Facebook: Dott.ssa Silvia Piconi

Instagram: Silvia_Piconi_psicologia_arte

Youtube: Silvia Piconi

Se invece vuoi saperne di più su chi sono, sulla mia formazione in Psicologia – Ipnosi e sul mio percorso artistico, puoi visitare il sito: www.silviapiconi.com

Se il libro ti è piaciuto puoi andare su Amazon e lasciare una recensione positiva.

www.ingramcontent.com/pod-product-compliance
Lightning Source LLC
Chambersburg PA
CBHW070702100426
42735CB00039B/2428